Sobre lo mutante

ROMANIA VIVA 34

Texte und Studien zu Literatur, Film und Fernsehen
der Romania im 19., 20. und 21. Jahrhundert

Hrsg. von

Uta Felten
A. Francisco Zurian Hernández
Anna-Sophia Buck
Ulrich Prill †

PETER LANG

Salvador Luis Raggio

Sobre lo mutante
El cuerpo variable contemporáneo y la relativización de la figura del
monstruo en la ficción occidental y panhispánica

PETER LANG

Bibliographic Information published by the Deutsche Nationalbibliothek
The Deutsche Nationalbibliothek lists this publication in the Deutsche
Nationalbibliografie; detailed bibliographic data is available online at
http://dnb.d-nb.de.

Cover illustration: © GeorgePeters/istockphoto.com

ISSN 2194-0371
ISBN 978-3-631-83535-7 (Print)
E-ISBN 978-3-631-83536-4 (E-PDF)
E-ISBN 978-3-631-83537-1 (EPUB)
E-ISBN 978-3-631-83538-8 (MOBI)
DOI 10.3726/b17590

© Peter Lang GmbH
Internationaler Verlag der Wissenschaften
Berlin 2020
All rights reserved.

Peter Lang – Berlin · Bern · Bruxelles · New York · Oxford · Warszawa · Wien

This publication has been peer reviewed.

www.peterlang.com

A mis padres

Agradecimientos

Este libro, en cierta medida, es una mutación de la tesis que me dio el grado académico de doctor en el año 2013, y como tal debe mucho al comité que la dirigió, compuesto por Elena Grau Lleveria, Yvonne Gavela Ramos, Christina Lane y Hugo Achugar. A ellos mi gratitud por su lectura y consejo, y por haber sido parte de la génesis de este libro.

El cuerpo es el campo de batalla en el que se enfrentan las fuerzas de los seres humanos en una lucha sin tregua, cuya apuesta es la definición de lo que somos, pero también de aquello que podemos llegar a ser.

Roberto Esposito

Índice

Introducción y marco teórico

¿Cuáles son las transformaciones que trae consigo el "monstruo" de la ficción contemporánea? ¿Cuál es su capacidad de variación en una época donde lo absoluto queda relativizado? ¿Qué ocurre cuando el "monstruo" pierde aquella condición de identificación negativa incondicional y se transforma, de súbito, en el observador, en el indagador, y ya no en el examinado? ¿Qué ocurre cuando su voz y mirada descentralizan de pronto los discursos y los modos de representación hegemónicos que restringen la materialidad? ¿Qué sucede, en definitiva, cuando aquella criatura "monstruosa" pasa a ser una entidad *mutante*, un cuerpo variable y líquido, síntoma de una genética social alterada y de la desjerarquización de los regímenes de verdad que nos gobiernan?

En este análisis estético-cultural transatlántico, la figura del mutante se moviliza como un dislocador de códigos de certeza y de determinismos asentados en el macrodiscurso de la Modernidad,[1] un dislocador que no solo relativiza, sino que también altera el molde monolítico conferido tradicionalmente al monstruo dentro del canon de Occidente.[2] En este sentido, los procesos mutacionales que advertimos en la actualidad implican flujos de cambio, participaciones y nuevos agenciamientos ideológicos y estéticos que modifican el razonamiento monocentrado de los grandes discursos sociales y culturales, ofreciéndonos a cambio la inminencia de la variación, a partir de la figura del mutante, y una lógica basada en una posibilidad constante de descentramiento.

En el mundo contemporáneo, tal y como indica Fred Botting, subrayando las ideas de Jean-François Lyotard, los sistemas de normalización, exclusión y diferenciación modernos "have become increasingly difficult to sustain, legitimate or police" (10); se trata de un mundo en el que los metarrelatos se encuentran continuamente en licuefacción, y donde la especificidad de la certeza, como capital unitario-orgánico, se ve desestabilizada. Así, los regímenes de verdad hegemónicos (tanto en lo artístico como en lo social) se desligan del control de un paradigma determinista y de una gran hipótesis universal –creando al mismo tiempo otros mapas y procesos cognoscitivos– para vehiculizar, como una suerte de línea de fuga deleuziana, la experiencia del cambio como una posibilidad útil ante cierta forma de hegemonía discursiva e ideológica. En otras palabras, si para Botting y Lyotard los grandes relatos se fragmentan y los límites colapsan, para nosotros, ya sin el impedimento del determinismo y la norma del conocimiento unívoco, los discursos y las estéticas *mutan*, y lo hacen, recogiendo la figura retórica de Zygmunt Bauman, con una fluidez líquida, dentro de un contexto social contemporáneo que degrada "the ideals of the long term and of totality" (*Liquid Life* 46).

Este libro surge entonces motivado por el hecho de que, a pesar del copioso interés en el monstruo como entidad negativizada e inarmónica, no existe en la esfera de los estudios culturales y literarios análisis teóricos concentrados en la figura contemporánea del mutante, y tampoco en la mutación como síntoma de una transformación sociocultural elocuente, productora de nuevos significados. Esto nos lleva a presentar un libro que tiene como objetivo principal exponer tanto las alteraciones de la categoría de lo monstruoso en la producción cultural de fines del siglo XX y principios del siglo XXI como a trazar una teorización e interpretación acerca del mutante como una figura paradigmática de inminencia, variación y adaptación en el contexto occidental reciente.

Bajo esta línea de pensamiento, entendemos que en la actualidad se conjuga una serie de cambios socioculturales en el ámbito mundial que favorecen el reconocimiento de la figura del mutante, entre los que rescatamos: a) el paso de una sociedad industrial a una posindustrial (donde la automatización tecnológica y la transferencia acelerada de información digital se convierten en vehículos fundamentales para la propagación de distintos tipos de conocimiento);[3] b) la consolidación de una "condición posmoderna", a partir de la cual las interpretaciones fijas o unidimensionales decaen drásticamente dando paso a una red teórica y mediática donde prima lo participativo frente a lo unitario; y c) la movilidad acelerada de la hibridación social y cultural como generadora de nuevos vínculos, objetos y prácticas multidiscursivas en el marco de una coyuntura occidental donde los límites son cada vez menos claros.

Enfocándonos en esa pluralidad, el presente texto expone no solo la variabilidad intrínseca de la figura del mutante, sino también la transformación de la genealogía conceptual de lo monstruoso en un mundo ahora guiado por la relativización de un código maestro que solía totalizar y sintetizar tanto las conductas sociales como las prácticas estéticas.

Para cumplir con dicho propósito, nos interesa el estudio de la figura del monstruo a partir de su archivo conceptual (desde la antigüedad clásica hasta nuestros días) y de su imagen y localización en la ficción. De este modo, no se asume la eliminación absoluta de las concepciones previas de lo monstruoso, sino que se abre un espacio para representaciones que, por la notoria singularidad de sus planteamientos, afectan discursos y estéticas anteriores, pasando de una categoría que suele considerarse fija y autónoma, a una más relativizada, y delineando, del mismo modo, la aparición de una nueva sensibilidad acerca de lo monstruoso que está basada en la utilización constante de lo que denominamos *principios mutacionales* (estéticos e ideológicos): estrategias para subvertir tanto la rigidez de los dispositivos de control como los metarrelatos totalizadores.

Desde este punto de vista, el texto primario en el que nos enfocamos para esta investigación se presenta como una excepción prometedora, proponiendo un replanteamiento y una redefinición de las políticas tradicionales del monstruo del canon occidental y, paralelamente, del canon panhispánico. Con ello, no obstante, no se anula de ningún modo la tradición ni el archivo conocido –la tradición es en realidad "revisitada" a través de estrategias de parodia o referencialidad intertextual–, sino que se amplía su trascendencia, ya que el fenómeno al que nos abocamos instala una nueva serie ideológica y estética dentro de un amplio registro del cuerpo extraordinario, que hoy en día se caracteriza por su inminencia, liquidez y variabilidad.

Foucault ha hablado de "la verdad" como "el conjunto de reglas según las cuales se distingue lo verdadero de lo falso y se aplica a lo verdadero efectos específicos de poder" (*Un diálogo sobre el poder* 155). Este dispositivo regula y sostiene el tipo de discurso de las sociedades y determina los "regímenes de verdad" que hacen funcionar tanto el mundo concreto como el simbólico. Los "monstruos" contemporáneos, desde nuestro punto de vista, participan como mutaciones de un tipo de verdad admitida acerca de lo monstruoso. En este sentido, son transformaciones inminentes y descentradas, y surgen a partir del estado social fluido y volátil que Bauman ha llamado "modernidad líquida", aquella que nos habla de un tiempo caracterizado por la variación, la transitoriedad y la incertidumbre, donde sujetos, discursos y estéticas circulan dentro de los flujos de lo imprevisible (*Liquid Times* 25–26). En este contexto, el monstruo que conocemos se hace voluble y permeable, se relativiza su código maestro y se desjerarquiza el régimen de verdad que lo produce. Lo que nos interesa, justamente, es localizar y comentar los puntos de divergencia que marcan la mutación de la tradición occidental de lo monstruoso y resaltar aquello que Gabriel Giorgi llama su "potencia de variación" (323). Es decir, lo "monstruoso" contemporáneo como un registro de mutaciones y transacciones que implican la variabilidad no solo de un régimen de verdad determinado sino también la posibilidad constante de descentramiento (podríamos llamarla también la posibilidad rizomática de descentramiento) de múltiples regímenes de verdad ligados a múltiples procesos mutacionales y a distintos fenómenos culturales.

En las últimas décadas, el debate estético-filosófico (al que debemos sumar el punto de vista fundamentalmente sociológico de Bauman) ha arrojado conclusiones similares respecto de la condición antimonolítica de la cultura y el arte contemporáneos. Dicha condición permite tránsitos variables fuera del paradigma de la certeza creado por la Modernidad, provocando una nueva economía sociocultural y un sinnúmero de respuestas mutacionales para acompañarla.

Como señala Alejandro Llano refiriéndose al debate cultural de fines del siglo XX y principios del XXI, "el proyecto moderno [ha perdido] su carácter unívoco y monológico. Aparece un pluralismo de orientación" ("Claves filosóficas del actual debate cultural"). Se trataría, de acuerdo con Llano, de un marco precedido por una "especie de liberalización del pensamiento" en el cual los dogmas monolíticos no son imperturbables, sino que pueden ser cuestionados constantemente.[4] En este sentido, en el mundo contemporáneo no cabría exclusivamente ni una homogeneización ni un sistema hegemónico que definen los límites del arte de arriba hacia abajo, sino que se ponen en funcionamiento una serie de estrategias de desarticulación (una serie de líneas de fuga) que propulsan una revisión de los cánones en diversas direcciones, pues actualmente se estarían impulsando perspectivas plurales del arte tanto hacia las obras como hacia las categorías artísticas en sí: mutaciones que alteran no solo el nivel paradigmático del texto sino también el nivel sintagmático y semántico de los mismos.

Gabriel Peluffo resalta una perspectiva similar al apuntar que hoy en día "es imposible hablar de un canon en el arte contemporáneo, sino que habría que hablar de múltiples cánones en diálogo y en conflicto" (29).[5] En la misma línea se encuentran las reflexiones de Néstor García Canclini en *La sociedad sin relato*, al hablar de una "estética de la inminencia", una actitud de acción y espera constante sobre lo que puede llegar a ser (250). La función del arte contemporáneo, según García Canclini, "no es darle un relato a la sociedad para organizar su diversidad, sino valorizar lo inminente donde el disenso es posible" (251). Esto no significa, desde luego, que no existan sistemas hegemónicos ni totalidades interventoras, los sigue habiendo y probablemente nunca cesen de presentarse, sin embargo en la actualidad nos hallamos ante una multiplicidad de actores y de mediaciones que se manifiestan sobre los regímenes de verdad, y que dejan en claro la carencia de solidificación que se le atribuye a la modernidad líquida en la que se sustenta el discurso de Bauman, una dinámica de fluidez, finalmente, que se escapa por los intersticios de lo que antaño fue codificado como absoluto y enteramente dogmático.

Lo que García Canclini subraya, como un aporte complementario acerca de los procesos artísticos actuales, es un estado en el que el arte se halla fuera y dentro de las instituciones, de las dependencias, del *mainstream* y de los imperativos categóricos. La innovación de los creadores, nos dice García Canclini:

> interactúa con la comprensión y la incomprensión de los públicos, con los recha-
> zos institucionales o los intentos institucionales de asimilarlos. No hay fronteras
> claras ni durables. Lejos ya de las definiciones esencialistas del arte, el deseo de
> reafirmar la autonomía de los espacios de exhibición y consagración debe admitir
> que lo que sigue llamándose arte es el resultado de conflictos y negociaciones con
> la mirada de los otros. (224)

Esta estética e ideología de la "autonomía a partir de la mirada de los otros", un espacio de intersecciones y localizaciones sin fronteras claras, depende, desde luego, de la licuefacción de la historia como una entidad unitaria (Vattimo), de la falta de credibilidad en los metarrelatos (Lyotard) y de estatutos y conceptualizaciones que pasan de ser monocentrados a manifestarse como plurales (McHale). Como ya hemos sugerido, todo ello se manifiesta cuando pensamos en una etapa de multidiscursividades y multiperspectivismos encontrados y a la vez dialogantes, y no precisamente en el marco de la superación absoluta de los sistemas, ya que incluso el antisistema o el sistema alternativo, aunque novedoso o desestabilizador, no deja de ser un sistema en sí.

En este contexto sociocultural, artístico y teórico, lo monstruoso se transforma en una categoría plenamente mutante (un concepto de cambio y variabilidad, de alteración espontánea o inducida),[6] que habla de las circunstancias actuales utilizando un entramado de incertidumbre en el que el "monstruo" deja de ser solamente un relato de lo maravilloso o de la corporeidad anómala para convertirse en una manifestación cultural de la alteración y de la heterogeneidad contemporáneas.

Si bien a través del tiempo se ha normalizado, en el imaginario popular, un concepto absoluto de lo monstruoso (el monstruo como entidad negativa y portador de malos augurios suele ser el más destacado),[7] en el texto primario que hemos elegido para este estudio: la novela *Wasabi*, del escritor argentino Alan Pauls, se distingue más bien una transformación de los códigos del monstruo tradicional, pasando de la soberanía de lo monolítico a una alternativa marcada por la variabilidad molecular y la relativización de los significados monológicos.

Así, las transformaciones del monstruo en el arte y la ficción más reciente son indicativas de la falta de fronteras claras y de las negociaciones y conflictos entre los discursos absolutos y los antisistémicos. Esta cualidad mutante, desde luego, es intrínseca al monstruo, y de algún modo ha sido subrayada ya por Jeffrey Jerome Cohen, en "Monster Culture (Seven Theses)", al indicar que el cuerpo monstruoso es una construcción cultural maleable, que nace constantemente.[8] Dicho nacimiento, sin embargo, suele implicar una frecuente formulación negativa de la figura monstruosa, tratándola como un ente ciertamente delimitado, ya sea por su otredad física, moral o ética.

En la obra de Alan Pauls, no obstante, existe una nueva sensibilidad hacia lo monstruoso, una línea de fuga que está relacionada de algún modo con las ramificaciones hacia el espacio público de los discursos y los glosarios de las mutaciones corporales, nociones que se sostienen en divulgaciones científicas de los últimos ciento cincuenta años, pero que llegan a su plenitud durante la segunda mitad del siglo XX, cuando los adelantos tecnológicos hacen posible interpretaciones más certeras acerca del polimorfismo humano y la variedad genética de la especie, así como de la posibilidad real de una reingeniería científica o cosmética de los cuerpos.

De este modo, los "monstruos" más contemporáneos (los mutantes) difieren no precisamente de lo normal sino de la valoración y la caracterización del arquetipo monstruoso como un modelo negativo y siniestro por excelencia.[9] Es cierto, como apunta Cohen, que el monstruo es un concepto en constante nacimiento, sin embargo, su tesis se basa fundamentalmente en un nacimiento sobrecodificado a partir de la perversidad física. El mutante de hoy en día, en contraste, altera dicho sentido al provenir de lo que la biología genética nos dice acerca de la desarticulación de todo aquello que entendemos como una verdad somática intocable, reconfigurando así nuestro entendimiento acerca de "lo natural".[10] En este sentido, como menciona Armand Marie Leroi, las mutaciones:

> reverse-engineer the body [...] Humans differ from each other in very many ways, and those differences are, at least in part, inherited. Who among us has the genome of genomes, the one by which all other genomes will be judged? The short answer is that no one does. (15)

Al entender a todos los seres humanos como mutantes, tal y como se infiere de la cita, y al dislocar, en general, un supuesto ideal de perfección en los seres vivos, lo monstruoso ya no solamente se concentra en las desviaciones corporales condenadas desde la arbitrariedad de "lo perfecto", sino que se transforma (*muta*) para relativizar su línea de articulación y expandir al mismo tiempo sus posibilidades dentro del discurso. En una época donde el "disenso es posible" (García Canclini 251), el mutante de hoy adquiere definitivamente una validez particular, una fluidez líquida que le da otro tipo de agenciamiento. De este modo, y de acuerdo con lo que expone Gabriel Giorgi, el monstruo de esta coyuntura, aquel que nosotros llamamos *el mutante*:

> trae otro saber, que no es solamente una figuración de la alteridad y la otredad (que pueden, apaciblemente, reafirmar los límites convencionales de lo "humano") sino un saber positivo: el de la potencia o capacidad de variación de los cuerpos, lo que en el cuerpo desafía su inteligibilidad misma como miembro de una especie, de un género, de una clase. El monstruo tiene lugar en el umbral del desconocimiento, allí donde los organismos formados, legibles en su composición y en sus capacidades, se deforman, entra en la línea de fuga y mutación, se metamorfosean y se fusionan de manera anómala; viene, por lo tanto, con un saber sobre el cuerpo, sobre su potencia de variación. (*Política del monstruo* 323)

La idea de una "potencia de variación" es sin duda una manifestación contemporánea de las representaciones monstruosas e implica, tal y como menciona Giorgi, un saber positivo que no podemos obviar. Este saber tiene, al mismo tiempo, una estrecha relación con la divulgación de teorías acerca de la variedad genética humana que pertenecen al capital cultural de fines del siglo pasado, en las cuales, como plantea el texto de Leroi, se proponen nuevas políticas e interpretaciones sobre los cuerpos y lo viviente.[11]

Si el monstruo en verdad "tiene lugar en el umbral del desconocimiento", no es solamente debido a su composición prodigiosa, como se representa, por ejemplo, en la literatura del Siglo de Oro, sino también debido a su localización actual en el espacio de lo mutante. La aparición de dicha línea de fuga desestabiliza una noción absoluta del monstruo como una materialidad enteramente negativa o como una categoría no variable, y abre un resquicio para la relativización, la resignificación y la transformación de lo monstruoso en textos contemporáneos, como sucede en la novela de Alan Pauls y en otros productos culturales que examinamos en este volumen.

A lo largo de las siguientes páginas, entonces, nos proponemos estudiar la transformación de la figura y la categoría del monstruo tomando como referente simbólico la noción biológica de la mutación y adaptándola al contexto estético como un signo de los procesos de incertidumbre y variabilidad cultural que se viven actualmente. Este libro, en todo caso, plantea tematizar y contextualizar la mutación biológica y corporal dentro del marco de la ficción contemporánea, buscando no solo insertar las nociones de *mutación cultural* y *mutación estética* en el vocabulario de la crítica, sino también revisar y ampliar el archivo del tema del monstruo, así como sus interrelaciones tipológicas en Occidente. Hablamos, de este modo, de préstamos e intercambios que en el siglo XX y XXI promueven con mayor velocidad visiones de mundo y espacios de creación simultáneos e híbridos.

En este capítulo introductorio, hemos resumido el enfoque general de nuestro trabajo, subrayando la importancia teórica del concepto biológico de la mutación dentro de los contextos estéticos y culturales actuales, transitando entre lo moderno y lo posmoderno, y enfocándonos sobre todo en destacar las posibilidades de la figura del mutante más allá de los determinismos que definen al monstruo. A continuación, nos enfocaremos en rastrear las diversas concepciones de lo anormal y lo monstruoso a través del archivo y el tiempo, y en analizar cómo estos diferentes discursos y épocas han construido un rostro siniestro y desfavorable en torno al cuerpo extraordinario. El segundo capítulo, entonces, pondrá énfasis en la tipología del monstruo en la cultura y la estética occidental, revelando que el grado de pesimismo y estigmatización incorporado a él contrasta significativamente con las representaciones más flexibles y antimonolíticas en torno a lo mutante.

Desde otro ángulo, el tercer capítulo se concentrará después en la definición de la mutación y en la forma en que esta difiere del concepto de monstruosidad. Tradicionalmente, los monstruos encarnan transgresiones y estigmatizaciones y tienen una conexión inherente con el concepto freudiano de lo siniestro. Las páginas del tercer capítulo explorarán al mutante localizándolo más allá de la norma acostumbrada, una figura que desafía el código monstruoso relativizando su negatividad y convirtiéndose en un regenerador líquido de fenómenos culturales a través de su característica contemporánea más distinguible: la inminencia del ser.

En el cuarto capítulo, con el análisis e interpretación de la novela *Wasabi*, cuyo protagonista es víctima de una extraña alteración en la base del cuello, deseamos contrastar un archivo panhispánico de monstruosidades y figuras negativizadas que incluye textos de Clemente Palma, Pablo Palacio, Jorge Luis Borges, María Luisa Bombal, Bustos Domecq, Amparo Dávila, Daniel Moyano, José Donoso y Pilar Pedraza con el tema actual de la mutación y el cuerpo variable, y exponer también una mutación estética reciente, en este caso en el campo de la novela de artista.

Finalmente, en el último capítulo, haremos un comentario de cierre acerca de seis textos complementarios enfocados en el uso de la mutación y la figura resignificada del monstruo; dichos textos pertenecen a diversos países del mundo occidental y universos ficcionales, entre ellos el mundo del cine, el cómic y la televisión. Con este quinto capítulo, deseamos sobre todo asistir a otros críticos en localizar manifestaciones equivalentes en productos de ficción que no hayan sido interpretados en estas páginas y demostrar también la presencia de variables mutacionales tanto en el contexto local como global.

Tal y como hemos apuntado líneas arriba, en el archivo de Occidente, y por asociación en el del mundo panhispánico, el monstruo es representado de manera reiterada como una construcción inarmónica y aberrante, incluso desde un punto de vista moral, que disloca la morfología ideal de los cuerpos y los parámetros sociales de homogeneización. Nuestro texto primario, al ser una novela de artista apoyada en el tema de la mutación contemporánea, subraya en cambio la posibilidad de un novedoso cuerpo variable (un organismo producto de alteraciones a gran escala), pero ya no como una anomalía en degradación, sino como una anatomía prometedora que fluye y se adapta a la incertidumbre de los tiempos recientes. A través de su atipicidad y de sus cambios morfológicos, el protagonista de la novela de Alan Pauls vehiculiza una figura de variación líquida que disloca el código tradicional del monstruo y a la misma vez nos habla, estética y cultural-mente, de la figura del mutante como una expresión de no estancamiento y novedosa fluidez.

Parte 1 Breve recorrido estético-cultural acerca de lo anómalo y lo monstruoso

De acuerdo con Marie-Hélène Huet, la etimología de la palabra monstruo responde a más de una derivación semántica y a más de una elaboración conceptual:

> Several traditions linked the word *monster* to the idea of showing or warning. One belief, following Augustine's *City of God*, held that the word *monster* derived from the Latin *monstrare*: to show, to display (*monstrer* in French). *Monster*, then, belongs to the etymological family that spawned the word *demonstrate* as well. For Renaissance readers, this tradition confirmed the idea that monsters were signs sent by God, messages showing his will or his wrath [...] Another tradition, the one adopted by current etymological dictionaries, derived the word *monster* from *monere*, to warn, associating even more closely the abnormal birth with the prophetic vision of impending disasters. These etymologies gave monstrosity a pre-inscribed interpretation. (6)

Mabel Moraña, por su parte, señala que:

> en tanto metáfora de la hibridez y de la diferencia, la figura del monstruo ha sido utilizada como ilustración de lo anómalo, es decir, como la forma contranormativa a partir de la cual se revela un exceso, una forma patológica, desmesurada, irregular y desviada de existencia y conducta. Si la norma(lidad) social fue concebida como la cualidad que representa la unificación y homogeneización de individuos y comunidades en torno a convenciones y valores, la condición impura y degradada del monstruo está marcada por la excepcionalidad y la excentricidad. (31)

Desde la antigüedad clásica, la figura del monstruo (*téras* en griego antiguo) ha sido no solo nombrada sino también representada de diversas formas, destacando su otredad y degeneración, tanto en narraciones mitológicas, donde la belleza prístina y musculada de los dioses se opone a seres inquietantes y extraordinarios, como también en el poema *Las metamorfosis* (siglo I d.C.), en el que Ovidio describe las transformaciones del mundo y sus singularidades históricas. Criaturas como Tifón, con cabeza de dragón y serpientes naciendo de sus mulos, y seres condenados por los dioses como la tejedora Aracne, destacan en el universo catalogado por Ovidio por su falta de proximidad al patrón musical de la armonía pitagórica y a los estándares ideales de pureza.[12] Esta escisión entre lo sensiblemente repulsivo y lo consensuadamente bello se halla, en definitiva, conectada a la noción de anomalía, y en ese sentido entendemos lo anómalo no solo en su acepción de raro, sino también como aquel elemento, mecanismo o substancia que irrumpe y desfamiliariza una zona de dominio discursivo (en este caso la diferencia corporal frente a un gran régimen de verdad somático).

Tal y como menciona Umberto Eco, ya en el siglo V a.C., mucho antes de la divulgación de *Las metamorfosis*, Platón había descrito al "andrógino originario" como una anomalía física debido a su extraña corporeidad, la que describía como:

> una sola cosa en cuanto a forma y nombre, que participaba de uno y de otro, de lo masculino y lo femenino [...] La forma de cada persona era redonda en su totalidad, con la espalda y los costados en forma de círculo. Tenía cuatro manos, mismo número de pies que de manos y dos rostros perfectamente iguales sobre un cuello circular. Y sobre estos dos rostros situados en direcciones opuestas, una sola cabeza, y además cuatro orejas y dos órganos sexuales. (108)

En el contexto contemporáneo, el andrógino descrito por Platón parece ser en realidad el caso de gemelos siameses, un "híbrido monstruoso" que trae consigo el problema de discernir su significado. Al ser convertidos en monstruos por medio del discurso y la categorización en el campo semántico de las anomalías, los siameses se ubican en el terreno de las diferencias ininteligibles, y son, como diría una de las tesis de Jeffrey Jerome Cohen, la diferencia personificada (7), pues mediante la idea de la monstruosidad se explica de manera aceptable para la época un defecto congénito que, sabemos ahora, se produce durante la división celular de los embriones.

Es justamente en la antigüedad clásica donde la categoría de lo monstruoso inscribe oficialmente su gran marca de origen: la diferencia física, que sirve para delimitar lo puro de lo impuro, lo familiar de lo extraño, lo normal de lo anormal.[13] Mediante este tipo de diferenciación simbólica, Homero representa también a las Sirenas tradicionales en *La Odisea* (siglo VIII a.C), aves rapaces con cabezas de mujer, y al cíclope Polifemo: "un monstruo horrible, en nada parecido a los hombres que comen pan" (190). El monstruo homérico, al igual que el platónico, es condenado al campo de la diferencia porque amenaza la cordura de lo "perfecto", no se asemeja a lo familiar ni a lo identificable, sino que incorpora un elemento infrecuente que desestabiliza un gran modelo corporal absoluto (el de la belleza humana o el de la belleza divina). El "no parecerse a los hombres que comen pan" implica ser el *otro* del hombre, un monstruo, y es el primer escalón conceptual que nutre el imaginario de lo monstruoso en Occidente.[14]

Con la caída del dominio geopolítico grecorromano y la entrada en "los siglos oscuros", la figura del monstruo se adaptó en el continente medieval europeo a una estética de la desmesura (la estética hispérica), que se distinguía por no seguir los sistemas de perspectiva del mundo clásico (Eco 111). A esta época pertenecen el *Liber monstrorum de diversis generibus*, compendio que ilustra de manera irregular bestias marinas, aéreas y telúricas, producido en las islas británicas entre los siglos VII y IX, y también el *Libro de Kells* (siglo VIII), que reúne deliberadamente varios dibujos de seres zoomorfos exorbitantes y laberínticos alejados de toda regla grecolatina de simetría.

Al sumar la idea de la desmesura al archivo simbólico del monstruo clásico no solo se ratifica la oposición binaria entre la fealdad y la belleza, sino también, como entiende Georges Bataille años más tarde, se impone la regularidad de lo "geométrico humano" como una suerte de medida común y ejemplar, a pesar de que todas las formas y cuerpos escapan de algún modo a dicha idealización artística y matemática (55). Para Bataille, preocupado por los actos imperativos de exclusión, toda desproporción se acerca a lo que denomina lo informe, "un término que sirve para descalificar, exigiendo generalmente que cada cosa tenga su forma [única]" (31), y que estigmatiza a las llamadas "desviaciones de la naturaleza".

Además de los mencionados principios de diferencia y desproporción, surge también en Occidente el concepto de la maravilla asombrosa. Fueron primero los bestiarios moralizados como el *Fisiólogo* griego (siglo II d.C.), cuyas variantes medievales se repartieron por toda Europa, los textos que contribuyeron no solo a propagar enseñanzas éticas y teológicas en base a un modelo armónico clásico, sino también a crear, a partir del siglo VIII, narraciones fabulosas conocidas como los *mirabilia*. Esta práctica se extendería incluso hasta los días de la conquista española de América en las primeras crónicas de exploradores y humanistas europeos, donde la flora, la fauna y los pobladores indígenas del continente son descritos por momentos a través del filtro de lo que hoy consideraríamos la leyenda fantástica.[15] En las narraciones seudocientíficas de los *mirabilia*, además, la imagen del monstruo se convierte en la de un ser exótico y maravilloso, un personaje de reparto recurrente en viajes imaginarios a tierras lejanas como los que se ven en el mito de Preste Juan (siglo XII) o en *El libro de las maravillas del mundo* (siglo XIV), de John Mandeville.

Paniagua Pérez indica que los *mirabilia* medievales eran una "recreación de la antigüedad clásica en un mundo necesitado de fantasías para sobrevivir y continuamente amenazado por epidemias, guerras, invasiones, ortodoxia [e] inmovilidad social" (147), ensoñaciones popularizadas para escapar de una realidad monótona o angustiante. A diferencia de los seres monstruosos de las travesías homéricas, usualmente sanguinarios y opuestos a la figura del hombre para resaltar la probidad de los aqueos, los seres fantásticos de los *mirabilia*, al no ser ejemplos de la belleza clásica y mantener una morbosidad animal, pueden verse como una elaboración temprana del sublime kantiano, en vista de que la cola de escorpión de la Mantícora o la cabeza de león de la Quimera compendian aquella "complacencia con horror", propiedad específica de lo terriblemente sublime que, de acuerdo con Kant, es la sensación que se rescata de todo aquello que sea una variedad extraña de la naturaleza (41).

Al mismo tiempo, la mujer como monstruo, tal y como nos recuerda Adriano Messias, es un concepto milenario que se remonta a la mitología clásica, pero que tiene diversas recuperaciones en la Edad Media, apareciendo en leyendas como la de la "dama del pie de cabra" ibérica y la de Melusina, hada-serpiente del folclore francés. Ambas son sin duda representaciones no solo de cuerpos fabulosos sino también de sexualidades mágicas y primitivas que pueden llegar a convertirse en malignas. Por carecer de falo y ser capaz de menstruar, el cuerpo de la mujer es calificado de "impuro" e "incorrecto", bajo una perspectiva puramente machista, y vinculado *a posteriori* al mito castrador de las terroríficas vaginas dentadas (ch. 2).

No debemos olvidar, asimismo, la importancia que tuvo en el Medioevo la doctrina de Santo Tomás en torno al reconocimiento de la belleza. Como nos recuerdan Beardsley y Hospers, esta doctrina asociada a la bondad incluye tres condiciones fundamentales: la primera, la de integridad o perfección (*integritas sive perfectio*), que resalta la fealdad de los objetos rotos o deteriorados; la segunda, la de debida proporción (*debita proportio sive consonantia*), que subraya que el objeto visible sea proporcionado a la vista; y la tercera, la de luminosidad o claridad (*claritas*), que destaca la luz como el símbolo de la belleza y la verdad divinas (39–40). Estos requisitos de connotaciones religiosas son parte esencial de la simbología que se opone a la idea de lo monstruoso o lo diabólico y se extienden tanto gracias a la teología sistemática del catolicismo como a las bellas artes y los relatos populares y folklóricos de la época. Lo interesante de estas medidas acerca de la belleza y la integridad, justamente, es la manera en que se subvertirán con el tiempo a través de la representación artística; primero en el siglo XVI, con figuras literarias como François Rabelais, y luego en el siglo XVII, en particular por medio de la ornamentación y el recargamiento visual del estilo barroco. El barraco, de acuerdo con Moraña, posee "un gusto por el exceso, el sincretismo y la monumentalidad" (43), una ideología representacional que, vista desde el orden de la teología del Medioevo, es una forma de "construcción de lo monstruoso" a través de una "tendencia al decorativismo y la inclinación del pensamiento hacia la alegoría" (57).

La obra de arte barroca, como nos recuerda Eco, no teme ni a lo extraordinario ni a las imperfecciones para causar asombro, y recurre con frecuencia a lo que la estética grecolatina juzgaba inconcebible, como si resguardará una sensibilidad diferente cuando se trata de retratar los "defectos" humanos (169–177). Este gusto por lo grotesco, como mencionábamos antes, es evidente ya en las obras renacentistas de Rabelais, quien marca un hito en la tradición del monstruo occidental e impone, posteriormente, una liberación de lo deforme a través de la inserción de lo decididamente obsceno y escatológico como focos de representación.[16] Así, lo monstruoso en *Pantagruel* (1532) no es precisamente la apariencia física deformada sino el acto licencioso y la violencia satírica. Como señala Eco, "en una sociedad que defiende ya el predominio de lo humano y de lo terrenal sobre lo divino, lo obsceno se convierte en orgullosa afirmación de los derechos del cuerpo" (142). De esta forma, lo carnal y lo sucio añaden un nuevo espacio de monstruosidad al catálogo de disparidades y desviaciones de Occidente, ampliando nuestros pensamientos acerca de la insalubridad física o moral del *otro*.

Si bien los gigantes de Rabelais inauguran una visión alternativa de la monstruosidad en la ficción renacentista (presentes tangencialmente años después en la obra de Cervantes), hacia la misma época, tanto en el contexto francés (Ambroise Paré) e italiano (Fortunio Liceti), como en el del Siglo de Oro español (José Rivilla Bonet y Pueyo, Fray Antonio de Fuentelapeña, Juan Eusebio Nieremberg) tratados "científicos" como *Monstruos y prodigios* (1585), *Curiosa filosofía y cuestiones naturales* (1630), *El ente dilucidado* (1676) y *Desvíos de la naturaleza o tratado sobre el origen de los monstruos* (1695) indagan sobre los límites de la naturaleza humana, produciendo una retórica "experta" acerca de la existencia de razas monstruosas y criterios formales para la clasificación de cuerpos deformes y seres prodigiosos.[17] Los pigmeos y los gigantes, por ejemplo, claros polos opuestos de la "monstruosidad", son los principales protagonistas de esta vasta tradición de argumentaciones protocientíficas y religiosas que manifiestan la existencia de ambas especies de criaturas. Como apunta Elena del Río Parra:

> entre estas dos razas se produce una curiosa competición de fuentes: la existencia de gigantes está sobradamente justificada por su aparición en el libro del Génesis y, por ello, predominan los argumentos que se centran en reforzar la presencia de los pigmeos, cuyo apoyo –el profeta Ezequiel– es considerado una fuente menor de autoridad sagrada. Por ese motivo Nieremberg remite a todas las autoridades posibles, y alega causas biológicas para reforzar los argumentos a favor de su existencia. (79)

Además de los gigantes y los pigmeos, otra figura monstruosa importante de la época es la del cíclope, en un poema como *Fábula de Polifemo y Galatea* (Góngora y Argote, 1612), y la del hermafrodita, un cuerpo "aberrante" heredado también de la tradición grecorromana y representado por medio de la habitual escisión aristotélica del cuerpo. El hermafrodita del Siglo de Oro, en los escritos de Fuentelapeña, es a su vez uno de los seres más imperfectos de todos, donde se confunden ambos sexos sin dilucidar un sentido claro (Del Río Parra 93). Cabe resaltar que en la figura del hermafrodita el monstruo parece rehusarse otra vez a participar en el "gran orden" de las cosas, desarticulando el discurso de la normalidad somática por tratarse de la mezcla de dos géneros distintos, ya que se halla, como menciona Stephen T. Asma, "in between traditional categories" (40).

Para Del Río Parra, al mismo tiempo, las aberraciones codificadas en el Siglo de Oro "documentan la curiosidad del siglo XVII por la excepcional cualidad de lo humano" (113). Los siameses, los hombres hirsutos, los enanos, todos ellos ya no constituyen aquel ente puramente asimétrico de los siglos anteriores, sino "un signo suelto en pos de su significado" (114). Lo monstruoso se transforma de este modo en un objeto de estudio que debe ser catalogado con autoridad científica o sagrada en busca de explicar su origen. Su otredad y su estigma, sin embargo, no son eliminados sino más bien reafirmados por el discurso protocientífico de la época para demarcar un sistema de límites que irá consolidándose entre los cuerpos admisibles y los imperfectos (así como en el terreno de las ideas permitidas y las no permitidas).

Tal y como señala Naomi Baker, en los albores de la época moderna:

the material order begins to be reconceptualised as a regular, ordered machine, within which instances of disorder or irregularity cease to be pleasurable displays of nature's or God's creative ingenuity and become instead repellent physical aberrations. (12)

De esta forma, empieza a resurgir en las élites europeas de la modernidad temprana la idea de una estética de la homogeneidad, que equipara la belleza con lo "natural-uniforme", y que presenta lo desproporcionado y lo desviado como un intento imperfecto de acercarse al paradigma imperante de hermosura física y moral. Es sobre todo la moral, por encima del aspecto meramente físico, la que debe ser protegida a ultranza de todo aquello que implique monstruosidad o distorsión de las normas, trazando así una nueva línea estético-cultural que resulta en la creación de diversas anormalidades sociales.

De acuerdo con lo apuntado por Foucault en sus seminarios sobre la anormalidad, al llegar el siglo XVIII se crean en Francia y en otros países occidentales tres figuras que servirán para delimitar el universo de los individuos que escapan de lo aceptado: el monstruo humano, el individuo a corregir y el niño masturbador (*Abnormal* 55–59). De ellas nos interesa principalmente el cambio de paradigma de interpretación acerca de lo monstruoso que provoca la primera categoría, pero cabe resaltar que todas ellas implican añadiduras en el campo semántico del monstruo desde un punto de vista moral, médico y jurídico.

Según Foucault, el monstruo humano es una noción eminentemente legal, que viola tanto las leyes sociales como las de la naturaleza:

its very existence is a breach of the law at both levels. The field in which the monster appears can thus be called a "juridico-biological" domain. However, the monster emerges within this space as both an extreme and an extremely rare phenomenon. The monster is the limit, both the point at which law is overturned and the exception that is found only in extreme cases. The monster combines the impossible and the forbidden. (*Abnormal* 56)

Más adelante resalta:

> one of the first ambiguities is that the monster is a breach of the law that automatically stands outside the law. The second is that the monster is, so to speak, the spontaneous, brutal, but consequently natural form of the unnatural. It is the magnifying model, the form of every possible little irregularity exhibited by the games of nature. In this sense we can say that the monster is the major model of every little deviation. It is the principle of intelligibility of all the forms that circulate as the small change of abnormality. (56)

La irrupción de esta categoría hace de la monstruosidad un campo en el que ya no solo transitan los personajes de los *mirabilia* medievales o aquellos seres gigantes que se exhibían en las novelas de Rabelais sino que, proponiendo una nueva serie del monstruo, se tiende a multiplicar esfuerzos por humanizar la monstruosidad, convirtiéndola en una característica menos fantástica, que se aleja del reino de la aberración física más elemental para ser integrada al de la criminalidad y los descarríos morales.[18] Así, el monstruo deja de ser tan solo un ente fantástico antigeométrico o el producto de un parto anómalo para incorporarse a la realidad concreta y a un discurso legalista hacia finales del siglo XVIII y principios del siglo XIX.[19]

A través de la pericia legal, los transgresores de todo tipo empiezan a inscribirse en el imaginario jurídico como seres anormales, abyectos, en un sentido similar al que utiliza Marcel Jouhandeau en su tratado sobre la abyección.[20] Esta anormalidad, asimismo, se sintetiza en los monstruos humanos, que deben adecuarse a lo que Foucault llama el "poder de normalización", aparato legal y cultural que controla todas las desviaciones y todas las excepciones. Del ejercicio de este poder, claro está, nacen el individuo a corregir y el masturbador, dos figuras particularmente negativas que para Foucault resultarán luego en la fabricación de los llamados "monstruos sexuales". Lo particular de este período, sin embargo, es que las tres categorías que menciona Foucault forman parte de una especie de simbiosis monstruosa, borrándose los límites de cada una en pos de una normalización exhaustiva de la sociedad: "The monster, the incorrigible, and the masturbator", señala Foucault, "are characters who begin to exchange some of their traits and whose profiles begin to be superimposed on each other" (*Abnormal* 61); de este modo, los aparatos de control social –la gran preocupación foucaultiana– empiezan a organizar un nuevo imaginario alrededor de la figura del monstruo y las transgresiones:

the monster appears and functions precisely at the point where nature and law are joined. It brings with it natural transgression, the mixture of species, and the blurring of limits and of characteristics. However, it is a monster only because it is also a legal labyrinth, a violation of and an obstacle of the law. In the eighteenth century the monster is a juridico-natural complex. (65)

Si el siglo XVIII inventa al sujeto anormal y al monstruo humano,[21] el espectáculo capitalista, entre los años 1835 y 1940, desarrolla en Europa y las Américas la figura del *freak* o fenómeno de circo, codificando lo monstruoso dentro del ámbito de la mercancía y el espectáculo de masas. A diferencia de las distinciones monstruosas anteriores, la categoría de *freak* nos remite a una era de intercambio de bienes, es decir, a una plataforma comercial localizada en ferias y circos ambulantes donde se oferta entretenimiento y recreo. Al mismo tiempo, en el espacio del *freak show* se advierte no solo la comercialización de lo diferente sino también el surgimiento de una política identitaria que habla más sobre las ansiedades y preocupaciones del observador que de las del propio observado. Tal y como indica Rosemarie Garland Thomson en *Extraordinary Bodies*:

freak shows framed and choreographed bodily differences that we now call "race", "ethnicity", and "disability" in a ritual that enacted the social process of making cultural otherness from the raw materials of human physical variation. The freak show is a spectacle, a cultural performance that gives primacy to visual apprehension in creating symbolic codes and institutionalizes the relationship between the spectacle and the spectators. (60)

La institucionalización de la relación entre espectáculo y espectador es la que en esencia permite la fabricación del monstruo antológico del *freak show*, pues lo localiza espacial y discursivamente en la economía del espectáculo de masas capitalista. Como bien señala Moraña, "el monstruo hace de cada espectador o lector un *voyeur* y ante él/ella despliega su impudicia" (27). De esta manera, la puesta en escena y el elaborado discurso del presentador circense –que mezcla folclore y charlatanería seudocientífica– reafirma el valor simbólico de los cuerpos admitidos y rechaza a la misma vez a los supuestamente irregulares, haciendo uso de exclamaciones y adjetivaciones prodigiosas como "El gigante salvaje de dos cabezas" o "La criatura viviente más espeluznante de todas".

Fenómenos de circo tradicionales como los hombres hirsutos y las mujeres barbudas, además, resaltan el carácter híbrido del cuerpo monstruoso (combinación de elementos animales y humanos) y la desestabilización del género o rol sexual (reinterpretación de los límites de lo femenino y lo masculino). Así, la hibridez del monstruo, como sugiere Santisteban Oliva, suele indicar "una pluralidad que apunta a la unidad, ya que son varios elementos que forman un solo ser [...] elementos dispersos [que] confluyen en un ser articulado, orgánico" (29).

Ante todo, el *freak show* es un rito de engaños y percepciones que gira alrededor de la puesta en escena de la variación humana, una variación que es entendida como un producto enigmático y al mismo tiempo como un *locus* de otredad. Para Garland Thomson, el *freak show* crea de manera consciente:

> a "human curiosity", from an ordinary person who had a visible physical disability or an otherwise atypical body by exaggerating the ostensible difference and the perceived distance between the viewer and the showpiece on the platform. The spatial arrangement between audience and freak ritualized the relationship between self and cultural other. (*Extraordinary Bodies* 62)

A partir de la dicotomía del Yo y los otros, el espectáculo de lo monstruoso pone de manifiesto un poder de normalización similar al que se presenta en la categorización del monstruo humano foucaultiano. No obstante, en vez de definir la monstruosidad a partir de un discurso jurídico, el *freak show* la define a través de la teatralidad y la comercialización de lo anómalo, creando un espectáculo cultural de realidades comparadas que permite la identificación, delimitación y constitución del yo-aprobado: el *no-monstruo*. Cabe recordar, asimismo, que en la versión de la abyección de Julia Kristeva los sujetos no adquieren identidad propia hasta que se enfrentan a lo abyecto: aquello que perturba un sistema, un orden.[22] El *freak* o fenómeno de circo, perturbador de la economía de la normalidad, se funda así como un organismo cultural degradado, creado para legitimar al observador de la puesta en escena.[23]

Según Garland Thomson, el monstruo circense:

> testified to the physical and ideological normalcy of the spectator and witnessed the implicit agreement assigning a coercive deviance to the spectacle. This determining relation between observer and observed was mutually defining and yet unreciprocal, as it imposed on the freak the silence, anonymity, and passivity characteristic of objectification. (*Extraordinary Bodies* 62)

Al articular un ideal de normalidad, la figura del *freak*, y la del monstruo en términos generales, crea a la misma vez una lógica de exclusión que establece una oposición binaria similar a la formulada por Judith Butler en el caso de la sexualidad, un gobierno de los cuerpos dividido en organismos *inteligibles*, los aceptados por la norma, e *ininteligibles*, los rechazados social y discursivamente (39). En la tesis de Butler, el mayor desestabilizador del orden es precisamente el cuerpo excluido, que al caer en el ámbito de lo abyecto provoca otro organismo, una entidad pura y validada por el discurso de la normalización, libre de anomalías y estigmas. La abyección, de este modo, es consentida para producir un *afuera* del sujeto que permite su identificación por medio del contraste, dejando en claro, una vez más, que la existencia del sujeto legítimo (el ente sin monstruosidad) obedece a un acto de confrontación con lo abyecto, tanto en el espacio del *freak show* como en la narrativa gótica anglosajona (y un poco más tarde en la hispánica) de fines del siglo XVIII y principios del XIX.

En *Skin Shows*, Judith Halberstam define lo monstruoso partiendo de una relación entre la literatura gótica (que describe como una literatura con predisposición romántica hacia lo sublime y el terror) y el cine de miedo contemporáneo. Lo gótico, de acuerdo con Halberstam, está basado en un exceso de significado y ornamentación, así como en una "extravagancia retórica" (2). En este sentido, el monstruo de la ficción gótica sería un producto de aquel exceso y demarcaría el límite entre la inteligibilidad y la no inteligibilidad. La estética gótica, apunta Halberstam, "marks a peculiarly modern preoccupation with boundaries and their collapse. Gothic monsters, furthermore, differ from the monsters that come before the nineteenth century in that the monsters of modernity are characterized by their proximity to humans" (23).

Para Halberstam, estos "monstruos cercanos", al tener una condición física diferente de la normalizada, representan la corrupción sexual que amenaza las normas instauradas en la sociedad inglesa donde el gótico florece. Así, la estética gótica estaría reafirmando la sexualidad aprobada, definiéndola en contraste con manifestaciones aberrantes y peligrosas como los ataques y las violaciones a mujeres por hombres lobo o vampiros. De una manera similar a la de Kristeva al definir lo abyecto, Halberstam relaciona lo monstruoso con la disrupción de categorías y la presencia de impurezas acechantes. Ficciones góticas como *Frankenstein o el moderno Prometeo*

(Shelley, 1818) o *Drácula* (Stoker, 1897) serían de este modo tecnologías narrativas que producen un monstruo que Halberstam denomina "the perfect figure for negative identity" (22). Al gestarse dicha figura anómala, además, se estaría reafirmando la incorruptibilidad de un ser humano blanco y heterosexual y degradando a los cuerpos en disenso (3–4).[24]

Este acto de disenso está relacionado evidentemente con la localización conceptual de lo monstruoso fuera de los límites permitidos por lo normal. Como sabemos, el monstruo viene prefigurado por aquello que escapa del equilibrio impuesto por los regímenes de verdad y sus dispositivos dominantes, se encuentra siempre *afuera de* y *alejado de* una zona de proporción y simetría. Noël Carroll, justamente, ha sintetizado muy bien esta particularidad al señalar que el monstruo pertenece "to environs outside of or unknown to ordinary social intercourse" (35), creando una geografía del terror que ratifica, en textos de estética gótica clásicos como "La maravillosa historia de Peter Schlemih" (von Chamisso, 1814) o "El monte de las ánimas" (Bécquer, 1861), espacios autorizados para lo bello y lo natural y a la misma vez líneas que determinan innegables zonas de exclusión.

Refiriéndose a las narraciones hispánicas de terror del siglo XIX, Lola López Martín hace énfasis en el efecto de lo lúgubre y lo macabro (atmósferas tradicionales para describir los espacios monstruosos de la ficción gótica) como estímulo categórico para lo que sería una nueva sensibilidad respecto de épocas anteriores. De acuerdo con López Martín:

> una de las mayores contribuciones de la literatura gótica y romántica fue haber conquistado una dignidad estética en el placer por el miedo. Será sobre todo el romanticismo el que promoverá la idea de poder disfrutar del miedo de una manera artística, y no solo de disfrutarlo sino incluso de encontrar belleza en lo que nos horroriza. Esta doble postura de una misma vivencia estaría reflejada en el concepto de lo sublime [...] Los factores culturales y espirituales que intermedian en ese impacto se dan en el ámbito de lo sagrado, lo irracional, lo lúdico o lo ilógico: en aquello que parece salirse de las normas establecidas. (154)

Al "salirse de las normas establecidas" y demarcar una geografía del terror, el monstruo es moldeado a través del tiempo para representar aquella corrupción de la que habla López Martín, un cuerpo excepcional que no solo localiza sino que celebra lo intolerable, convirtiéndose en sinónimo de discordia y en síntesis de la otredad y la desproporción. "By challenging the boundaries of the human and the coherence of what seemed to be the natural world", comenta a la vez Garland Thomson, "monstrous bodies appeared as sublime, merging the terrible with the wonderful, equalizing repulsion with attraction" (*Freakery* 3). Esta dicotomía entre lo atractivo y lo repulsivo es ciertamente típica del terror gótico, estética de la cual proviene la mayoría de arquetipos contemporáneos acerca de lo monstruoso, y que hace de los seres divergentes y desproporcionados curiosidades morbosas que llaman la atención porque violan categorías prefijadas por el discurso imperante.[25] Este fenómeno, a su vez, implica que los monstruos se convierten en ilustraciones y enseñanzas acerca de lo no deseado, "directly or indirectly teaching us", de acuerdo con Roger B. Salomon, "not only about ourselves but about the larger cosmos extending beyond any possible extension of personal identity" (54).

Partiendo de modelos sociales y discursos normativos impuestos, el monstruo se ha convertido en un ser patibulario y ominoso, en el transgresor anormal que debe ser condicionado y corregido por una autoridad panóptica, "un ser castigado, perseguido", según Seve Calleja, "proscrito por la colectividad" (43).

En la figura del monstruo (un demonio, un fantasma vengativo, un hombre lobo, un vampiro, un zombi, un xenomorfo, un *cyberman*, un chupacabras), una figura marcada de negatividad, hibridez y contaminación, el mundo occidental ha compendiado una dicotomía hegeliana de amo/ esclavo, propietario/objeto, regulador/proscrito, higienizado/infectado, amigo/enemigo, sobrecargando de descalificación al cuerpo anómalo o diferente en pos de sustentar la validez de los organismos permitidos (y de sus políticas de legitimación).

Al mismo tiempo, el monstruo se ha transformado en una singularidad universal que reafirma que las identidades y las otredades nunca escapen de los poderes y los discursos hegemónicos de normalización y dominación, pues tal y como apunta Richard Kearney respecto de la estigmatización de los *otros*, "the demonising of aliens and strangers by individuals or nations may thus be interpreted as a harking back to past repressed materials which recur in the present, often with obsessive compulsion, in the guise of something threatening and terrifying" (17).

Lo cierto es que a lo largo de la historia mundial este fenómeno de descalificación, basado en la figura amenazadora del monstruo y en su "materialidad viciada", se ha repetido no solo con grupos étnicos y grupos políticos minoritarios sino también, y con insistencia a través del siglo XX y de lo que va del siglo XXI, con personas y comunidades que expresan sexualidades alternativas o descentran los binarismos de género, sin dejar de lado, a la misma vez, aquellos cuerpos poshumanos más recientes, esas máquinas-organismos "sin inocencia" (309) de las que habla Donna Haraway en su celebrado manifiesto, que se caracterizan por replantear la naturaleza humana a través de una materia biológica hibridada con la tecnología.[26]

Para lectores y espectadores, el monstruo occidental ha sido tradicionalmente un elemento inarmónico que debe ser exiliado y destruido (Cohen 16). Sin embargo, las representaciones negativas del monstruo y la monstruosidad se han visto actualmente redefinidas y replanteadas; han sido "desfigurados", de cierta manera, sus márgenes absolutos y su apariencia monolítica. En esta cambiante coyuntura de licuefacción, inminencia e incertidumbre, el monstruo se ha convertido en un ser mutante, y no en cualquier tipo de mutante. Nos referimos, en realidad, a un mutante virtuoso, dislocador pero también diversificador, una línea de fuga que en términos de Deleuze y Guattari transita entre la estabilidad molar (articulaciones de segmentos duros) y la operación molecular (movimientos de desestratificación), en todo aquello que constituye un nuevo agenciamiento y una nueva participación dentro de la sociedad y la cultura (10–11). Este cambio de paradigma se traduce en un cuerpo alternativo y en una categoría que refleja y representa fundamentalmente la variación: la mutación tanto de la forma originaria como de las normas rígidas que sustentan la articulación de los metarrelatos. Se trata, a pesar de todo, de una necesidad contemporánea de abrir y aceptar posibilidades discursivas de cambio, en contraste con el estancamiento del monstruo como un dispositivo cultural basado en el monolito de lo negativizado y en una exterioridad siniestra que causa únicamente repugnancia y miedo.

Parte 2 La variación de la forma: Lo mutante como una posibilidad contemporánea

La palabra mutación (del latín *mutatĭo*: cambio, alteración) se refiere en biología y genética a una variación en el genotipo de un ser viviente que se manifiesta de manera inducida o espontánea, y que puede heredarse o transmitirse a la descendencia (Windelspecht, 114–115). Las mutaciones, asimismo, pueden presentarse por medio de agentes naturales cuando existe un error en la replicación del ADN o por medio de agentes ambientales cuando los organismos están expuestos a sustancias químicas o radiaciones (116). En términos culturales, sin embargo, el imaginario apoyado en la mutación y en las alteraciones "monstruosas" es en realidad relativamente nuevo y ha ido tomando forma en expresiones artísticas como la literatura y el cine centrándose primariamente en la apropiación ficcionalizada de dos métodos evolutivos de distinta operación: la *micromutación* gradualista y la *macromutación* saltacionista.[27]

Para los biólogos contemporáneos, aquellos que han heredado la integración de la teoría de la selección natural de Charles Darwin con los primeros estudios genéticos de Gregor Mendel, los cambios en la morfología de los cuerpos no suelen darse con brusquedad (como sí sucede en el caso de los monstruos de la teratología y la ficción universales), sino mediante un proceso de larga evolución y adaptación (Carlson 3–5). En otras palabras, son los cambios graduales a largo plazo (micromutaciones) y no los saltos abruptos de una generación a otra (macromutaciones) los que tienen un lugar privilegiado dentro del discurso de la evolución y la biología. Así, el monstruo de la cultura popular y de los tratados sobre cuerpos prodigiosos, ese organismo sorprendente y deforme estudiado por el cirujano Ambroise Paré en el siglo XVI,[28] no solamente es considerado un ente atípico en contraste con la uniformidad del cuerpo ideal sino también un fenómeno sin mayor potencial evolutivo en términos biológicos; de ahí, desde luego, su tradicional separación en el campo de las ciencias y el abundante discurso en torno a su otredad somática.

Lo cierto es que el miedo hacia la figura del monstruo (sobre todo cuando la comparamos con biologías terrestres no proscritas) suele sustentarse primordialmente en la estigmatización de las macromutaciones como cambios siniestros, insoportables y degradantes.[29] Esa es la manera en que típicamente hemos representado el cuerpo anómalo en la cultura occidental y la forma en que hemos convenido asociar su materialidad con la desnaturalización, la desarmonía o la impureza. Como indica Hock-Soon Ng, "monstrosity is largely interpellated by the Symbolic gaze" (2), y dicha mirada simbólica, con demasiada frecuencia, se enmarca en la negatividad del cuerpo macromutado.

¿Qué pasa, sin embargo, cuando ese salto somático de la macromutación comienza a relativizarse y a ser representado de otro modo? ¿Qué sucede cuando la criatura monstruosa sindicada por su anomalía pasa a ser un cuerpo líquido y sin restricciones, una posibilidad discursiva desestabilizadora de lo siniestro, síntoma de una genética social alterada y de la desjerarquización de los regímenes de verdad que nos gobiernan?

Más allá de la especificidad del sentido puramente biológico del término mutación, y de la obvia distancia entre la certeza científica y el comentario en el marco de los estudios culturales, la definición de lo mutante que proponemos en este libro parte de una inspección de la categoría de lo monstruoso en contraste con el cuerpo variable contemporáneo. Teniendo en cuenta ese ejercicio interpretativo, examinemos en primer lugar la definición de monstruo propuesta por Asma:

> Monster derives from the Latin word monstrum, which in turn derives from the root monere (to warn). To be a monster is to be an omen. Sometimes the monster is a display of God's wrath, a portent of the future, a symbol of moral virtue or vice, or an accident of nature. The monster is more than an odious creature of the imagination; it is a kind of cultural category, employed in domains as diverse as religion, biology, literature, and politics. (13)

Al igual que Marie-Hélène Huet, Asma articula su definición apoyándose en una arqueología etimológica y sobre ella construye una tesis que subraya el carácter profético de la figura del monstruo, así como su variación de acuerdo a distintos campos del conocimiento humano. De la misma forma, su razonamiento advierte cierta posibilidad virtuosa que va más allá de la tradicional degradación, implicando una "categoría cultural" que tiene cierta movilidad, pero que en el fondo no está del todo libre del estigma simbólico que la instituye y de la manera en que tradicionalmente entendemos lo monstruoso en nuestros imaginarios ficcionales y sociales.

Botting, por su parte, desde una perspectiva similar a la de Gabriel Giorgi, advierte que los monstruos más recientes:

> become figures of transitional states representing the positive potential of posthuman transformation: they participate in a fantastic flight from a humanized world and towards an inhuman technological dimension, figures for developments in genetic and information science, cyborgs, mutants, clones. (14)

Lo monstruoso, en este caso, se asume cada vez más como un estadio facilitador y como un vehículo que abre espacios para la expresión de figuras iguales a las que emergen en algunas narraciones biotematizadas, las cuales van más allá de la territorialidad de los dispositivos convencionales del monstruo y sus dominios de certeza. Ciertamente, Botting insinúa el descentramiento de la figura del monstruo de antaño al hablar de un supuesto momento transicional, lo describe *en movimiento*, no precisamente como un fenómeno de resistencia sino como un punto a partir del cual puede surgir algo novedoso. A pesar de ello, continúa llamándolo por su nombre tradicional y manteniendo una tipología conectada a un régimen de verdad persistente y ya instituido, aunque finalmente mencione a los mutantes como productos derivados de la categoría de lo monstruoso. Dicha mención, en todo caso, sirve de puente conceptual para nuestro trabajo, no solo porque insinúa aquella potencia de variación que ha subrayado Giorgi, sino porque de algún modo nos conecta con argumentaciones que implican una transformación de los criterios de discernimiento actuales al relacionarse con aquello que Nikolas Rose denomina la "molecuralización" del razonamiento contemporáneo:

> *Molecularization*: the "style of thought" of contemporary biomedicine envisages life at the molecular level, as a set of intelligible vital mechanisms among molecular entities that can be identified, isolated, manipulated, mobilized, recombined, in new practices of intervention, which are no longer constrained by the apparent normativity of a natural vital order. (5–6)

Con una intención similar a la de Deleuze y Guattari, Rose sugiere una descodificación de la segmentaridad dura de la política corporal anterior a la era de la biomedicina y la ingeniería genética (en este caso, el organismo biológico pensado como un todo que puede ser curado en ocasiones pero no precisamente manipulado) y una línea de fuga molecular (un movimiento de optimización y mutación) que libera a las formas corporales de los dispositivos dominantes y de los regímenes de verdad ratificados por el discurso monolítico (al menos mientras se constituye una organización molar distinta).

Si bien el planteamiento de Rose está ligado a lo que él llama una nueva "biological citizenship" (6) y a las formas de vida producidas dentro de una economía corporal modificada por parámetros somáticos recientes, no deja de ser productivo recurrir a sus proposiciones para analizar fenómenos culturales que van más allá del campo de la biomedicina.[30] En consecuencia, podemos también hablar de una molecuralización de la cultura y la estética a través del tema de la mutación y la figura del mutante, pero no solo como una forma de pensar u observar, sino también como una manera de vehiculizar modos de adaptación, variabilidad y actos de disenso que fluyen gracias a principios activos de transformación y a un potencial de cambio e inminencia: un *factor mutante* que desestabiliza, desmonumentaliza y descentra para conjuntamente activar, movilizar y también prometer.

La promesa del mutante, sin embargo, no es la que se manifiesta con la certeza del estatuto forjado por un régimen de normalización sino la que nace a partir de la línea de fuga: la posibilidad de adaptación y variabilidad frente a la incertidumbre que ha sido provocada por la sobrecodificación de la organización molar. El mutante, claramente, opera como una suerte de disenso líquido; es una figura prometedora que abre espacios de flujo, desarticulaciones y una razón de existir diferentes, fuera del campo de lo siniestro freudiano, proponiendo una relación singular con la sociedad y la cultura, puesto que el mutante, en contraste con el monstruo, participa reiteradamente de la inminencia del *ser*.

Para llegar a dicha conjetura, la diferencia que trazamos respecto del monstruo tradicional debe basarse no solo en la idea de que las mutaciones, en términos generales, reconfiguran la gramática de los seres vivos de forma constante, sino, principalmente, en la noción biológica de la ganancia de función mutacional. En biología, las mutaciones de ganancia de función, en contraste con las de pérdida de función, son alteraciones atípicas que añaden significado a las capacidades del gen y que no causan carencia de aptitud o competencia, sino que construyen nuevas expresiones y sentidos funcionales (Leroi 14–15). En ese sentido, la figura que en este análisis estético-cultural destacamos como mutante es una extensión simbólica de la ganancia de función que se presenta naturalmente en el campo de la biología mutacional, de ahí que resaltemos tanto la expresividad *sui generis* que la distancia del monstruo (una figura típicamente negativizada y proscrita) como el ideal prometedor y molecular que finalmente la concreta como una categoría independiente.

Al ganar funciones, el mutante de nuestro estudio subvierte sobre todo el sentido de lo siniestro freudiano como vehículo de lo amenazador y de lo terrorífico en el contexto de la corporeidad variable y también en el de la macromutación. Para Freud, lo siniestro parte de circunstancias familiares que se transforman en anómalas ya sea a causa de un aprendizaje ancestral, creencias mágico-religiosas o debido al despertar de una experiencia reprimida durante la infancia (101–109). Eugenio Trías lo define también al indicar que de aquello que es "íntimo [y] recognoscible" (33) nacen la angustia y el temor hacia lo que debió permanecer oculto.[31]

La noción de lo siniestro freudiano, como sabemos, ha sido íntimamente ligada a lo monstruoso desde que el psicoanálisis pasó a ser una herramienta de la hermenéutica literaria y cultural, y se repite no solo cuando localizamos la presencia de una extrañeza sino también cuando nos referimos al monstruo como profecía, relato de advertencia o como cumplimiento de una maldición recurrente.

De acuerdo con Santisteban Oliva, los seres monstruosos responden a un mismo esquema y esencia: "la expresión de un concepto en un objeto" (57), y para él generan típicamente una doble definición en el imaginario representacional. La primera parte de la definición habla del monstruo como un "animal fabuloso [y] terrorífico" y la segunda como un "ser nacido con malformaciones importantes" (59).

Dicho régimen de verdad sobre lo monstruoso, sin embargo, se ve desarticulado cuando se trata de la figura del mutante de hoy. A veces solo de forma parcial, otras veces por entero, pero sin duda hay una falta de persistencia de lo siniestro y de lo terrorífico en cuerpos donde el discurso de lo no humano, la variabilidad molecular y la influencia líquida de la mutación son presentados como una ganancia de función y no como una falla, una degeneración antinatural o un vicio irremediable. Bajo esta perspectiva de inminencia, en todo caso, el mutante se manifiesta frecuentemente como la alteración de uno o de varios supuestos estético-culturales en torno a la categoría de lo monstruoso.

Según Moraña, "para el monstruo no existe ni el progreso ni la utopía ni la pureza de clase, raza o género, ya que su ser consiste de una materia contaminada" (33); el monstruo, añade, no representa "el cambio *per se*, sino la permanencia, la persistencia y la inevitabilidad" (44). Ciertamente, en el tema de la mutación y en la figura del mutante hallamos líneas de fuga y de no persistencia que no existen en el ámbito estigmatizado de lo típicamente monstruoso. Se trata de una movilización explícita de la diferencia y la transformación, y no solo al hablar de lo que Calleja denomina la "tendencia dulcificadora del monstruo tradicional" en películas como *E.T.*, *Gremlins* o *El laberinto del fauno* (121), sino también en el marco de la aceptación de hibridaciones y formas alternativas de lo sensible que desestabilizan dispositivos monolíticos sobre la macromutación y, fundamentalmente, los regímenes de verdad que los sustentan. Desde esta perspectiva prometedora, y como un concepto estético y cultural no sujeto a la permanencia, lo mutante rechaza lo unívoco y los determinismos morfológicos y genéricos, licúa metarrelatos y desarticula la sobrecodificación para rearticular agenciamientos y participaciones en la inminencia de lo posible.

Tal y como apunta Vicente Luis Mora al hablar del paso de la modernidad a la posmodernidad en ciertos narradores recientes, lo mutante es advertido "en fase de cambio hacia un nuevo estado" (31), y en dicha percepción, una percepción que relativiza y altera el molde del monstruo tradicional, se halla la vitalidad de la figura del mutante como regeneradora líquida de sentidos y fenómenos culturales, como dislocador de códigos de verdad.[32] Al ser corriente de cambio por antonomasia y no mera esencia de confrontación opositora, el mutante se desplaza dentro de las vías de la cultura contemporánea empujado por la fluidez de la posibilidad, emergiendo como oportunidad discursiva y estética, y acomodándose, indeterminadamente y en distintas direcciones de flujo, a través de la variación de la forma y ya no por medio de la restricción monocentrada que busca puntualizar el mundo concreto desde una sola lógica cultural dominante.

Parte 3 Singularidades de un artista mutante: El caso de *Wasabi* de Alan Pauls

La gran mayoría de monstruos, como ya hemos resaltado, son representaciones libres de la saltación biológica y de procesos severos de implicación macromutante. De la macromutación, por ejemplo, sobreviene el insecto que asoma de la noche a la mañana en la pieza del hijo de los Samsa en *La metamorfosis* (1915), la gran nariz con la que nació Shiki Nagaoka en la *nouvelle* homónima de Mario Bellatin (2001) y también el quiste-espolón que deforma y transforma simultáneamente al protagonista de Alan Pauls en *Wasabi* (1994).[33] Este último personaje, sin embargo, relativiza el significado primigenio del monstruo occidental, subvirtiendo su negatividad de origen a cambio de una mutación morfológica efectiva (una ganancia de función en contraste con una pérdida de función), que posibilita la alteración paradigmática de la figura del monstruo y la licuefacción de sus representaciones tradicionales en el arte contemporáneo. El protagonista escritor de la novela *Wasabi*, asimismo, abre un resquicio donde la posibilidad y la potencia de variación sugeridas por Giorgi se hacen palmarias,[34] y donde la saltación biológica indeterminada, actuando como una línea de fuga, provoca un replanteamiento de las estructuras de lo siniestro y de las conceptualizaciones monolíticas de la Modernidad.

En términos argumentales, *Wasabi* es la historia de un novelista argentino que viaja a Francia tras haber recibido una beca de escritura creativa. En dicho lugar, su cuerpo y su comportamiento cambian a partir de una insólita protuberancia en la base del cuello. Esta alteración física, justamente, es el inicio de una gran mutación existencial que comenta paralelamente sobre la vida íntima y el rol del artista en la rutina contemporánea.

Siguiendo una línea de pensamiento similar a la de Alejandra Laera, creemos que en *Wasabi* el artista-escritor se ve abrumado por las tensiones entre su atipicidad y la producción de bienes culturales (en este caso la literatura) dentro de una lógica de capitalismo avanzado que supone, como afirma Jameson, "la frenética urgencia económica de producir constantemente nuevas oleadas refrescantes de géneros de apariencia cada vez más novedosa" (18). Esta lógica típica del posmodernismo jamesiano, que se diferencia del capitalismo decimonónico en el uso sobreabundante de mercadotecnia, simulacros y estrategias formulaicas de publicidad, suscita en la novela de Alan Pauls un arrebato de la ex-centricidad del artista-escritor debido a las imposiciones y las velocidades del sistema de mercado imperante.[35] Dicho evento produce, a la misma vez, una alteración corporal (la macromutación que representa el quiste-espolón) y una somatización de las incertidumbres creadas por la modernidad líquida descrita por Bauman. En este contexto, el quiste del protagonista, como apunta Laera:

> se convierte en la primera marca en el cuerpo provocada por los conflictos vividos por el escritor con la escritura desde el momento en que se ha recibido una recompensa material anticipada. Al dar a través de esa recompensa material un adelanto simbólico al que hay que corresponder con la escritura futura, el premio termina causando un desajuste tal que provoca una deformación en el cuerpo. (462)

Apoyándose en lo que catalogamos como principios estéticos e ideológicos mutacionales, *Wasabi* ejemplifica tanto el escepticismo hacia las grandes utopías artísticas del escritor decimonónico (el arte como herramienta innovadora y cultivadora) como la infidelidad hacia el mercado literario del capitalismo tardío (el artista posmodernista encasillado y descentrado al ser víctima de la propia posmodernidad). Simultáneamente, la novela plantea a partir de la figura del cuerpo mutante lo que puede entenderse como la desmonumentalización y la relativización de absolutos (incluidos el absoluto de lo monstruoso y de la novela de artista tradicional) en una época de inseguridades y fluctuaciones, donde la vida, como señala Bauman, "is anything but fear-free" (*Liquid Fear* 8).

Lo cierto es que *Wasabi* es una novela atípica dentro del catálogo de representaciones de lo anómalo. Funciona como un acto de disenso, a la manera de Rancière, porque puede leerse como "[a] manifestation of a gap in the sensible" (38), si entendemos lo sensible, desde luego, tal y como lo entendía Platón, como un mundo cambiante y corruptible que se muestra a los sentidos. Este texto de Pauls altera de forma dramática la percepción del cuerpo monstruoso tradicional como un organismo solamente siniestro, convirtiéndolo en mutante, pero también relativizando la deformidad de la macromutación del protagonista, que es parte del mundo sensible. Al abrir un espacio de participación molecular, la novela parodia las ansiedades del escritor y modifica la forma de observar lo monstruoso para dar paso a un mutante de recepción alternativa.

A diferencia de otros antecedentes de la literatura occidental e iberoamericana, *Wasabi* implica una alteración profunda del paradigma del monstruo a partir de las fisuras creadas por el cuerpo variable en el espacio de la modernidad líquida. Importa sobremanera, además, que el narrador-protagonista de la novela sea un escritor, un artista, pues como señala Rancière:

> artists are those whose strategies aim to change the frames, speeds and scales according to which we perceive the visible, and combine it with a specific invisible element and a specific meaning. Such strategies are intended to make the invisible visible or to question the self-evidence of the visible; to rupture given relationships between things and meanings and, inversely, to invent novel relationships between things and meanings that were previously unrelated. (141)

En *Wasabi*, lo invisible se hace visible cuando la relación entre el quiste-espolón (una deformidad ambigua y de carácter dual) y la no monstruosidad del narrador abren una fisura en lo sensible para crear un nuevo agenciamiento somático. En este caso en particular, el cuerpo variable del personaje central actúa como una suerte de campo de batalla, pues, como señala Roberto Esposito, los confines corporales se manifiestan frecuentemente como "líneas de defensa" contra lo que amenaza nuestra integridad (161).

El protagonista mutante de *Wasabi* representa así el cuestionamiento y a la vez la creación de una relación novedosa entre lo que significa la deformidad en el plano conceptual y lo que es en el plano físico. Físicamente, el quiste nunca deja de ser una protuberancia hiperdesarrollada, pero conceptualmente, al menos para los personajes que acompañan al narrador y también para el lector, su significado es distinto del concepto de la aberración corporal, ya que nunca habita el espacio de la desproporción negativa. Esto sí sucede, por ejemplo, con cuerpos estigmatizados de la ficción como el jorobado Quasimodo de *Nuestra Señora de París* (Víctor Hugo, 1831) o el deforme Michael K. en *Vida y época de Michael K* (J. M. Coetzee, 1983). En contraste con el protagonista de *Wasabi*, los personajes de Hugo y Coetzee son seres desfavorecidos que permanecen enmarcados en un paradigma donde la diferencia o la mutación no se adhieren a un potencial de cambio sino únicamente a la otredad negativa del cuerpo ininteligible y siniestro.

El monstruo occidental, como hemos apuntado antes, ha sido tradicionalmente representado como una construcción inarmónica que legitima los discursos hegemónicos de normalización y belleza. En este sentido, el planteamiento de Alan Pauls en *Wasabi* se hace sumamente atípico cuando lo comparamos con la tradición literaria panhispánica del siglo XX, compuesta, desde los inicios del modernismo iberoamericano, por representaciones que abarcan temáticas de repulsión y terror hacia lo anómalo, lo desconocido y lo deforme. Es con el modernismo, además, y con la propagación en Hispanoamérica de la obra de autores como Edgar Allan Poe y Guy de Maupassant, que la estética del horror, impregnada de cuerpos extraños y repugnancias, entra en un ciclo en el que los juegos de contradicciones y ambigüedades parecen añadir un elemento perturbador y ominoso que subvierte la tradicional división maniqueísta de lo monstruoso versus lo bello y de lo monstruoso versus lo éticamente admirable, sin dejar de plantear al organismo "anti-humano", claro está, como un "algo" perturbador. En esta línea, cuentos como "William Wilson" (1840) de Poe y "El Horla" de Maupassant (1887), mantienen la tradicional enemistad con lo desconocido, pero hacen de la otredad una característica ambigua al plantear encuentros con dobles y posesiones fantásticas que ensombrecen los límites entre lo externo e interno, entre lo puro e impuro, y que relativizan, a la misma vez, la oposición binaria entre el bien y el mal.

El caso específico del peruano Clemente Palma es un ejemplo importante de este tipo de tendencia estética en la América Hispánica. De acuerdo con Gabriela Mora:

> las crisis y rupturas culturales generadas por el rápido avance de las ciencias, la industria y las tecnologías a fines del siglo XIX y comienzos del XX, se sentía tanto en Lima como en París. La secuela de inquietudes causadas por la remoción de seguridades que se mantuvieron por siglos, inspira la literatura modernista, llena de contradicciones y ambigüedades, pero con idéntico afán de romper moldes ya caducos. La idea de la muerte o la desaparición de Dios, alentada por las nuevas corrientes filosóficas –Nietzsche sobre todo–, la expansión de nuevas clases sociales, socavadoras de antiguos sistemas económicos, los crecientes reclamos feministas que horadan el edificio patriarcal, provocan desasosiego, goce o temor que se van a representar en las letras. (15)

La obra de Clemente Palma, como las de otros modernistas, se haya sin duda inscrita en esa gran pauta cultural de entresiglos que tiene como elementos fundacionales la secularización de la sociedad, el ensanche y explosión de los centros urbanos y el aburguesamiento radical del sistema de valores.

De acuerdo con Rafael Gutiérrez Girardot, la aparición de la burguesía latinoamericana es la condición clave para que muchos de los cambios formales-estéticos, la selección de valoraciones y las expresiones literarias autónomas que devienen en los modernismos hispánicos reconfiguren el mundo de lengua española (29). En ese mundo reconfigurado surge, como en otras partes de Occidente, la figura del intelectual. El título *intelectual*, como apunta Gutiérrez Girardot, "nació primeramente no como designación de sabios, filólogos, profesores y escritores que se querían elevar a la categoría de superhombres, sino de un estrato social, o al menos de un grupo social, que consecuente con su actividad intelectual protestaba contra la arbitrariedad y criticaba la inhumanidad" (93). Estos hombres representaban no solo la política y la ciencia de sus días (el discurso higienista, por ejemplo, será muy relevante en la región del Río de la Plata),[36] sino también la bohemia y la tertulia literaria, así como la aspiración a nuevas utopías nacionales (102–103). Para ello, plasmaron en sus obras, ya sea desde el naturalismo, el decadentismo o lo gótico, nuevas líneas de pensamiento que alteraron el discurso social y la estética literaria de la región.

Receptivo a dichos cambios, Clemente Palma fue un entusiasta lector de autores como Baudelaire, Huysmans y Poe. Lecturas que, como señala Mora, "le llevan a valorar la importancia de la vida psíquica (de los 'nervios' dice él), y a proponer lo visto como 'anormal' y 'feo' como asuntos idóneos para las letras" (17), algo que podría conectarse también con algunos discursos culturales de la época como los del positivismo criminológico (Cesare Lombroso) y el degeneracionismo artístico (Max Nordau).

En esta línea estética de la obra de Palma, enmarcada en lo mórbido, el horror psicológico y el ocultismo, destacan los volúmenes *Cuentos malévolos* (1904), *Historietas malignas* (1925) y la novela *XYZ* (1935). Sin embargo, es en la reedición de 1912 de *Cuentos malévolos*, con prólogo de Miguel de Unamuno, donde se incluye el cuento "El príncipe alacrán", historia en la que un hombre llamado Macario, al anochecer, es sexualmente abusado por un alacrán hembra "hiperbólicamente grande" (230) en venganza por haber asesinado a su rey cuando este hurgaba entre sus libros. Acorralado por un ejército de alacranes, Macario sentirá "la boca viscosa y deforme" (231) del monstruo adherirse a sus labios, "una bestia fría, melosa, áspera y fétida" (231) que desea engendrar un híbrido que combine la ponzoña de los escorpiones y la inteligencia humana:

¿Sabes lo que buscaba el rey entre tus libros? Buscaba la ciencia del buen gobierno, es decir, quería adquirir la astucia, la maldad, la inteligencia de tu especie cuando le asesinaste villanamente antes de que lograra realizar su deseo. Pues bien, yo quiero lograr por el amor lo que mi esposo anhelaba y que tu amor puede darme. Sí; te perdono y te amo. Tu vida me pertenece y quiero utilizarla para engendrar un hijo que tenga mi raza y tu inteligencia. Eres mío por derecho de venganza y por botín de amor...

Y su boca viscosa y deforme se adhirió amorosamente a la mía; y sus tenazas enlazaron mi cuerpo. (Palma 231)

A pesar de su gran tamaño, su "cabeza chata y horrible, las velludas patas y la espiga de su ponzoñosa cola" (230), la bestia alacrán que toma posesión del cuerpo de Macario excede el horror simbólico que se desprende del miedo natural a los arácnidos por tratarse de un animal que Palma antropomorfiza, tanto en lo que se ajusta a la búsqueda del conocimiento y la sabiduría humanos como en lo que se refiere al planteamiento de una meta consciente: la creación de un híbrido alacrán-hombre que sintetice las "virtudes" físicas e intelectuales de ambas especies. Estas características, desde luego, hacen del monstruo de "El príncipe alacrán" un ser considerablemente ominoso cuando lo familiar (la búsqueda de conocimiento y el acto sexual, en este caso) alcanza lo extrañamente terrorífico y perverso, pero también debido al horror que proviene de las impurezas del monstruo-antropomorfizado y del anticipo del nacimiento de la bestia híbrida que resultará de dicha unión. Ambas criaturas, ciertamente, se convierten en figuras de identificación negativa al representar Palma el asco de Macario: "¡Oh, qué horrible el contacto de esa bestia fría, melosa, áspera, fétida!" (231), y al plasmar, al mismo tiempo, la ruptura de los límites corporales entre ambos, así como la presencia de una lógica de lo interdicto.

De acuerdo con Julia Kristeva, lo interdicto y lo impuro se relacionan siempre con los orificios del cuerpo, creando, principalmente, sustancias contaminantes de tipo excrementicio y menstrual (96). Así:

El excremento y sus equivalentes (putrefacción, infección, enfermedad, cadáver, etc.) representan el peligro proveniente del exterior de la identidad: el yo amenazado por el no-yo, la sociedad amenazada por su afuera, la vida por la muerte. Por el contrario, la sangre menstrual representa el peligro proveniente del interior de la identidad (social o sexual); amenaza la relación de los sexos en un conjunto social y, por interiorización, la identidad de cada sexo frente a la diferencia sexual. (96)

En la narración de Palma, existen tanto la amenaza del no-yo (la hiperbólica y fétida hembra alacrán), que constituye el afuera del individuo y la especie, como el peligro proveniente del interior sexual de los cuerpos, una amenaza que en el relato empieza no precisamente por las aberturas anales o vaginales del monstruo sino por el orificio bucal; la abertura a través de la cual se realiza el primer intercambio de saliva "viscosa" entre Macario y la bestia antropomorfizada.

Tal y como menciona William Ian Miller, las aberturas anatómicas son esenciales en la conceptualización del asco en la cultura occidental: "they are the holes that allow contaminants in to pollute the soul, and they are the passageways through which substances pass that can defile ourselves and others too" (59). El cuento de Palma forma justamente parte de esta lógica de contagio y de pérdida de la inmunidad al desarticular el límite natural entre los cuerpos y quebrar la interdicción reproductiva entre ambas especies de animales para luego proponer un híbrido que, a partir de la experiencia del protagonista, conserva la carga simbólica negativa de la madre escorpión.

En "El príncipe alacrán", el miedo a la macromutación se manifiesta tanto desde la interioridad como desde la exterioridad de la especie. Además de ello, lo monstruoso adquiere una mirada bidireccional puesto que no solo radica en los horrores que se hacen ostensibles desde el punto de vista del narrador, cuando este declara los límites del sujeto admitido (los límites de su humanidad), sino cuando lo indefectiblemente monstruoso, la reina alacrán, describe a los seres humanos como una especie maligna, deformando y desestabilizando así el concepto de pureza humana.

Si para Clemente Palma lo monstruoso corrompe el cuerpo inteligible y envicia la moral de los hombres "puros", para el ecuatoriano Pablo Palacio el organismo anómalo es una representación del sufrimiento físico y también un tormento psicoemotivo tanto para quien ha sido castigado con una extremada macromutación como para quienes la han producido biológicamente. En el cuento "La doble y única mujer", incluido en el conjunto de relatos *Un hombre muerto a puntapiés*, de 1927, Palacio aborda la monstruosidad desde la perspectiva de un cuerpo femenino siamés (aparentemente el de siamesas pigópagas: con sacro y cóccix comunes), que dice sentirse una y las dos personas al mismo tiempo:

> Mi espalda, mi atrás, es, si nadie se opone, mi pecho de ella. Mi vientre está con-
> trapuesto a mi vientre de ella. Tengo dos cabezas, cuatro brazos, cuatro senos,
> cuatro piernas, y me han dicho que mis columnas vertebrales, dos hasta la altura
> de los omóplatos, se unen allí para seguir –robustecida– hasta la región coxígea.
> (Palacio 46)

La mujer siamesa del relato vive una monstruosidad que no es precisamente
hereditaria sino producto de un fallo congénito, fruto de un "error" durante
la división celular luego del proceso de fecundación. A pesar de no atribuirse
simetría física, la criatura sí advierte una armonía intelectual y emocional
entre sus dos partes, ya que ambas, "Yo-primera" y "Yo-segunda" (48),
como ella misma las diferencia, coinciden en sus pensamientos y pasiones
debido a una duplicidad que es en realidad unicidad.

Yo-primera, la narradora de la historia, al igual que Yo-segunda, está
enamorada de "un caballero alto y bien formado... motivo de la más aguda
de [sus] crisis" (52), un otro no estigmatizado sino descrito a partir del
orden y la belleza a los que la mujer-siamesa no puede acceder. Esta pasión
por el hombre ideal presenta un conflicto interno entre dos cuerpos unidos
que han elegido el mismo objeto de deseo, desmoronando el paradigma
de unicidad emocional que mantenía sano al monstruo y estimulando una
relación antagónica y frágil:

> [...] este amor no podía surgir aisladamente en uno solo de mis yos. Por mi mani-
> fiesta unicidad apareció a la vez en *mis lados*. Todos los fenómenos previos al
> amor, que aquí ya estarían demás, fueron apareciendo en ellos idénticamente. La
> lucha que entabló entre *mí* es con facilidad imaginable. El mismo deseo de verlo
> y hablar con él era sentido por ambas partes, y como esto no era posible, según
> las alternativas, la una tenía celos de la otra. No sentía solamente celos, sino
> también, de parte de mi yo favorecido, un estado manifiesto de insatisfacción.
> Mientras yo-primera hablaba con él, me aguijoneaba el deseo de yo-segunda,
> y como yo-primera no podía dejarlo, ese placer era un placer a medias con el
> remordimiento de no haber permitido que hablara con yo-segunda. (Palacio 52,
> la bastardilla es mía)

Haciendo uso de la monstruosidad y del relato de extrañeza, Palacio parodia
la antigua tradición del romance trágico. Si Romeo y Julieta mueren por la
rivalidad entre sus familias en la obra de Shakespeare (1597), y en *Cumbres
borrascosas* (1847) Emily Brontë convierte a Catherine en la víctima del
resentimiento de un Heathcliff envenenado por las diferencias sociales, en
"La doble y única mujer" la aberración física del cuerpo femenino siamés se

convierte en la imposibilidad para alcanzar la satisfacción amorosa debido a ese "one versus two dilemma" (61), como lo describe Susan Antebi, en el que se hallan las hermanas.

Con un planteamiento inusual, el relato de Palacio remeda los estatutos del romance trágico formulando una protagonista que desfigura a la heroína tradicional: lozana, pura, proporcionada, a cambio de un monstruo que, al igual que la criatura creada por Mary Shelley, puede desear pero nunca consumar su amor, una condición de la cual los cuerpos deformes e ininteligibles padecen repetidamente en la tradición de Occidente, pero que Palacio complejiza aún más al formular un monstruo siamés con rasgos femeninos: "¿Quién *yo* debía satisfacer mi deseo, o mejor su parte de mi deseo?", se pregunta Yo-primera, "¿En qué forma podía ocurrírseme su satisfacción? ¿En qué posición quedaría mi otra parte ardiente?" (Palacio 52). Esta competencia interna, gobernada por el pesimismo, llevará a las dos secciones del cuerpo al colapso y a la enfermedad. "Hace más o menos un mes", cuenta Yo-primera:

> he sentido una insistente comezón en mis labios de *ella*. Luego apareció una manchita blancuzca, en el mismo sitio, que más tarde se convirtió en violácea; se agrandó, irritándose y sangrando [...] Ha venido el médico y me ha hablado de proliferación de células, neo-formaciones. En fin, algo vago, pero yo comprendo. El pobre habrá querido no impresionarme. ¿Qué me importa eso a mí, con la vida que llevo? (Palacio 53, la bastardilla es mía)

Dicha enfermedad sin nombre parece diseminarse por medio de una especie de cascada metastásica, ya que "envenena al todo" (54), según la narradora, terminando por consumir el cuerpo de las hermanas, quienes comparten la misma sangre y los mismos "gérmenes nocivos" (54). De este modo, el monstruo de "La doble y única mujer", como sucede con otros organismos antitéticos de la proporción y el orden, debe ser eliminado para ratificar la naturalidad de los cuerpos admitidos por el discurso normalizador. En este texto, lo anormal no halla un espacio para la sobrevivencia, y denota, asimismo, una degeneración progresiva desde el interior del sujeto monstruoso, que en el cuento de Palacio es víctima a la vez que victimario de su propio porvenir. Esta degeneración, simbolizada por la enfermedad que produce neoformaciones celulares (mutaciones), es producto, no obstante, de un discurso antiaberracionista que busca resguardar un ideal utópico de belleza. En el texto de Palacio, la oposición hacia la diferencia está compuesta por la uniformidad del cuerpo admitido del hombre-objeto y la anomalía que representa el cuerpo siamés, parámetros que típicamente regulan la figura del monstruo.

Cabe resaltar, asimismo, que el monstruo siamés de la narración sufre el rechazo de sus padres desde el nacimiento, y su gestación previa, igualmente, está conectada a una de las causas esenciales de la monstruosidad mencionadas por Ambroise Paré en *Monstruos y prodigios*.[37] En dicho tratado de "falsa ciencia", la imaginación, quinta causa esencial de la monstruosidad, es capaz de sugestionar a las madres embarazadas durante el período de formación de los cuerpos (4). Paradójicamente, según la narración de Yo-primera, su madre no solo estuvo expuesta durante el período de gestación a lecturas y cuentos "extraños", sino también a ciertas estampas de pinturas de estética cubista:

> Mi madre era muy dada a las lecturas perniciosas y generalmente novelescas; parece ser que después de mi concepción, su marido y mi padre viajó por motivos de salud. En el ínterin, su amigo, médico, entabló estrechas relaciones con mi madre, claro que de honrada amistad, y como la pobrecilla estaba tan sola y aburrida, éste su amigo tenía que distraerla y la distraía con unos cuentos extraños que parece que impresionaron la maternidad de mi madre. A los cuentos añádase unas cuantas estampas que el médico le llevaba; de esas peligrosas estampas que dibujan algunos señores en estos últimos tiempos, dislocadas, absurdas, y que mientras ellos creen que dan sensación de movimiento, sólo sirven para impresionar a las sencillas señoras que creen que existen en realidad mujeres como las dibujadas, con todo su desequilibrio de músculos, estrabismo de ojos y más locuras. (Palacio 49)

De esta relación de hechos "extraños" no solo se infiere la fuerza de la sugestión a través de la literatura, además de la parodia del discurso pseudocientífico que retrata a las mujeres como seres impresionables, sino también la fuerza de la sugestión por medio de obras plásticas vanguardistas, en clara referencia a la ruptura del paradigma artístico de la burguesía decimonónica durante los años veinte (el arte ya no es más una realidad superior y preciosista) y a la consiguiente crisis de la representación que dicha ruptura acarrea. Palacio, además, parece sugerir que las "locuras" de los vanguardismos, en especial las del cubismo pictórico que busca resistirse a la perspectiva tradicional practicada desde el Renacimiento, son capaces de crear (y representar) cuerpos monstruosos debido al marcado uso de la

fragmentación y la estetización de la geometría, técnicas que, como sabemos, desfamiliarizan y desfiguran la concepción de lo "natural".

Yo-primera y Yo-segunda, según la mirada panóptica que clasifica, llevan
una marca de origen antinatural o, dicho de otra forma, nunca terminan de
ser del todo naturales, ya que para sus observadores siempre se manifiestan
como entidades distantes de lo que puede ser normalmente concebido. Sin
ir muy lejos, Paré también afirmaba que los monstruos son aquellos seres
que están "afuera" de la naturaleza (3).[38] Además, la criatura siamesa de
"La doble y única mujer", apelando al discurso de la abyección kristeviana,
es una entidad perturbadora de la regla y el orden. Esta perturbación se
hace patente no solo en el cuerpo siamés sino también en sus progenitores,
quienes son retratados en el texto como una pareja arruinada a causa del
nacimiento del monstruo-pigópago:

> Nací más o menos dentro del período normal, aunque no aseguro que fueran nor-
> males los sufrimientos por que tuvo que pasar mi pobre madre, no sólo durante
> el trance sino después, porque apenas me vieron, horrorizados, el médico y el
> ayudante, se lo contaron a mi padre, y éste, encolerizado, la insultó y le pegó,
> tal vez con la misma justicia, más o menos, que la que asiste a algunos maridos
> que maltratan a sus mujeres porque les dieron una hija en vez de un varón como
> querían. (Palacio 50)

El rechazo original por parte del padre, y la muerte posterior de este al
no aceptar una vida al lado del monstruo que engendró (un cuerpo que
además de aberrante es doblemente femenino), ejemplifican en el cuento el
acto imperativo de exclusión batailleano,[39] además de la oposición constante de la norma somática –a través del discurso reglado de lo natural– a
las denominadas "anatomías de la desviación". Yo-primera y Yo-segunda
son descritas como monstruos crónicos e insalvables, mujeres horrendas
que niegan un hijo "digno" al padre que desea transmitir su apellido y su
masculinidad. Como tales deben ser excluidas de la narrativa y de la Historia aunque esto signifique la muerte del progenitor, una muerte que puede
verse, asimismo, como una suerte de "justicia poética fatalista", ya que
evita la corrupción del cuerpo del padre "bien formado" al imposibilitar su
coexistencia con la hija contaminada y "deforme" y con la "inferioridad"
de lo femenino.

Respecto de la deformidad, que suele definirse y codificarse en conjun-
ción con lo monstruoso, casi como una equivalencia indeleble, habría que

señalar además de los casos de desfiguración hereditaria o congénita como el de "La doble y única mujer", los de anatomías anómalas a causa de maldiciones, intervenciones divinas, accidentes fatídicos o enfermedades infecciosas. En esta última categoría, por ejemplo, se inserta un relato como "El tintorero enmascarado Hákim de Merv" (1935), de Jorge Luis Borges, en el cual se narra la historia de un tintorero desaparecido, de la región del Turquestán, que regresa a su tierra años más tarde convertido en un profeta enmascarado:

> Del fondo del desierto vertiginoso (cuyo sol da la fiebre, así como su luna da el pasmo) vieron adelantarse tres figuras, que les parecieron altísimas. Las tres eran humanas y la del medio tenía cabeza de toro. Cuando se aproximaron vieron que éste usaba una máscara y que los otros dos eran ciegos. Alguien (como en los cuentos de las 1001 Noches) indagó la razón de esa maravilla. *Están ciegos*, el hombre de la máscara declaró, *porque han visto mi cara*. (Borges 82)

Hákim de Merv, como otros inasibles productos de la imaginación borgeana, es un personaje primariamente hermético. Su presentación infunde inquisiciones y terrores a la par que un halo de admiración. De acuerdo con el texto, los hombres comunes no pueden ver su rostro porque "su cabeza había estado ante el Señor, que le dio la misión de profetizar y le inculcó palabras tan antiguas que su repetición quemaba las bocas" (83); asimismo: "le infundió un glorioso resplandor que los ojos mortales no toleraban" (83).

Después de convertirse en un profeta temido y de reemplazar la máscara de toro con un "cuádruple velo de seda blanca recamado de piedras" (84), Hákim de Merv definió "los artículos de una religión personal" (85) en la cual la divinidad mayor "carecía majestuosamente de origen, así como de nombre y de cara" (86). En De Merv, un personaje que abomina los espejos, reside lo velado a partir del silenciamiento del rostro (el uso de la máscara y la ficción que esta supone) y también de la voz (la eliminación de diálogos a lo largo de la obra). Borges opta a la vez por presentar pocas descripciones físicas (son habituales, en cambio, las relaciones sobre el dogma y la moral de De Merv) que de manera deliberada omiten detalles concretos acerca de la realidad corporal del personaje. El tópico literario del polvo y la sombra (*pulvis et umbra sumus*), asimismo, reafirma en este texto el poder inapelable de la muerte y la oscura identidad del protagonista de la historia, aquella constante indefinición que Silvia Molloy denomina "[un] juego de caretas" (39).

Dicho rostro sombrío, sin embargo, no apto para los ojos comunes y corrientes, es revelado cuando el ejército de un jalifa opositor a De Merv, Mohamed Al Mahdí, lo acorrala cerca de la ciudad de Sanam y dos de sus capitanes le arrancan el velo que protege el enigma:

> Primero, hubo un temblor. La prometida cara del Apóstol, la cara que había estado en los cielos, era en efecto blanca, pero con la blancura peculiar de la lepra manchada. Era tan abultada o increíble que les pareció una careta. No tenía cejas; el párpado inferior del ojo derecho pendía sobre la mejilla senil; un pesado racimo de tubérculos le comía los labios; la nariz inhuma y achatada era como de león. (Borges 88)

Consumida por la lepra, la deformidad de Hákim de Merv implica la destrucción de la estructura simbólica de un sublime religioso (aterrador pero resplandeciente) y la manifestación de lo informe para prescindir de un paradigma de ceremonia y reverencia, ya que lo informe, de acuerdo con Bataille, descalifica y categoriza, "exigiendo generalmente que cada cosa tenga su forma" (31). Al carecer de una configuración consecuente con su valor divino, Hákim de Merv se ve expuesto no solo como un falso apóstol sino como una anatomía inarmónica (inhumana), devela, como señala David Laraway, "the unreality of his fiction" (60). De este modo es conducido del Mundo Inteligible (donde se asientan las ideas del bien, la belleza y las matemáticas) al Sensible, un espacio maleable bajo el control de aquel Demiurgo artesano de lo informe, en el que se ve descubierto como materia divergente y deformidad repulsiva (otro cuerpo desechable) para luego ser atravesado con lanzas por los capitanes del jalifa Mohamed Al Mahdí.

La monstruosidad en los textos de Borges, no obstante, aunque siempre plasmada como una representación negativa, no es específica de los organismos enfermos ni de los seres fantásticos o pueblos antropófagos ("La óctuple serpiente", "There Are More Things", "El informe de Brodie"), sino que es apelada también para deformar discursos e ideologías políticas, como se aprecia en el relato "La fiesta del monstruo", de 1947, texto escrito en coautoría con Adolfo Bioy Casares e incluido décadas después en el conjunto *Nuevos cuentos de Bustos Domecq* (1977). En este relato de tradición paródica, lo monstruoso se asocia al brote de un discurso populista, concretamente a las ideas políticas del peronismo, un movimiento social que tanto Borges como Bioy Casares reprobaron desde su formación. El narrador de la historia, un partidario de Juan Domingo Perón (a quien se alude constantemente como "El Monstruo"), es un hombre de "pescuezo corto y panza hipopótama" (101), de pie plano, grosero y empapado de sudor, que junto a otros correligionarios recorre las calles de Buenos Aires durante una campaña proselitista a favor de su líder.

Retomando la dicotomía sarmientina de *Facundo* (1845) y la metáfora de la violencia de "El matadero" (1871), los seguidores de "El Monstruo" personifican el regreso de la barbarie, un otro grotesco e hiperbólico que se opone física e ideológicamente a la imagen cuidada de la civilización, y cuya falta de instrucción y tolerancia acaba por conducirles al asesinato de un estudiante de origen judío que se niega a saludar un retrato del ídolo político:

> El primer cascotazo lo acertó, de puro tarro, Tabacman, y le desparramó las encías, y la sangre era un chorro negro. Yo me calenté con la sangre y le arrimé otro viaje con un cascote que le aplasté una oreja y ya perdí la cuenta de los impactos, porque el bombardeo era masivo. Fue desopilante; el jude se puso de rodillas y miró al cielo y rezó como ausente en su media lengua. Cuando sonaron las campanas de Monserrat se cayó, porque estaba muerto. Nosotros nos desfogamos un rato más, con pedradas que ya no le dolían. (120)

La crueldad de la banda y su lenguaje callejero, asimismo, son las herramientas que Borges y Bioy Casares emplean para legitimar la posición privilegiada de una élite clasista, discriminadora e intelectual, oponiéndose al derecho de asociación y al discurso de los grupos peronistas, que son observados en el relato como cuerpos iletrados y contrahechos, marcados, al mismo tiempo, por una brutalidad ingénita semejante a la del monstruo humano definido por Foucault (el criminal entendido como un ser incontrolable y de inmoralidad innata). En el campo de los estudios culturales del monstruo, Ana Casas denomina a este procedimiento de fabricación de estigmas una monstruosidad por "masificación" ("Prólogo"), pues toda la carga tradicionalmente negativa del monstruo occidental se transfiere a la imagen de la turba incivilizada, donde la clase obrera y las organizaciones sindicales son parodiadas en busca de la deslegitimación de su afiliación política.[40]

En el relato de Borges y Bioy Casares, se advierte una tendencia a relacionar la monstruosidad con una supuesta corrupción moral y deformidad ideológica, inclinación que suele reiterarse en narrativas de denuncia y en obras literarias donde gravita el realismo social, especialmente en las figuras de dictadores, sujetos obscenos y homicidas psicopáticos como en las novelas *Yo el supremo* (Augusto Roa Bastos, 1974), *La fiesta del chivo* (Mario Vargas Llosa, 2000), *Los esclavos* (Alberto Chimal, 2009) o en el cuento de corte neogótico "Pablito clavó un clavito: una evocación del Petiso Orejudo" (Mariana Enriquez, 2010), que transforma al asesino en serie más conocido del Río de la Plata en un fantasma antisocial que invade la quietud del Buenos Aires contemporáneo.

El enfoque moralista y de dirección política en torno al monstruo, sin embargo, suele ser menos común que las representaciones basadas en la corrupción de la belleza o la simetría corporal. Como ya hemos anotado, en el imaginario de la ficción occidental se refuerza reiteradamente la imagen de la anatomía apartada de la "normalidad" física y de los ideales pitagóricos, convirtiendo a los seres desproporcionados en cuerpos terroríficos cuya principal función en la economía del texto es la de advertir (y a veces reprender) a los cuerpos inteligibles acerca de la figura del *otro monstruoso*. Tal y como indica María Luisa Barcalett, "el monstruo siempre nos remite de una u otra forma a la corporalidad, frecuentemente nos empuja a replantearnos que un cuerpo puede ser otra cosa de aquello que se espera, puede desviarse del plan esperado o del programa establecido" (27). Lo cierto es que como profecía o transmisor de un exceso corporal adverso para la especie o para la sociedad la figura del monstruo puede también vincularse al sexo y la etnia de grupos históricamente discriminados o excluidos por el poder del logos.

En cuanto organismo provocador a la vez que subalterno, *el otro monstruoso* ocupa un lugar de inferioridad dentro de la unidad de lo establecido a causa de la divergencia somática y la impureza que lo compone, desestabilizando así el orden simbólico de la gran conciliación lógica que gobierna el código de los cuerpos. Este es el caso, por ejemplo, del cuerpo extraordinario de Yolanda en "Las islas nuevas" (1939), relato de corte onírico-romántico en el que la chilena María Luisa Bombal aborda el tema de la hibridez, incidiendo en lo anómalo femenino como una expresión de naturalezas atrayentes pero a la vez amenazadoras.

Si bien el lirismo de la prosa de Bombal ejerce cierto control sobre la atmósfera de fantasía del cuento, estableciendo, como menciona Celeste

Kostopulos-Cooperman, un mundo donde "imagination and dream coexist with visible reality" (37), lo cierto es que más allá de la pátina de ensoñación que reviste la historia, la autora contrasta cuidadosamente las categorías de lo bello y lo sublime. Bombal diferencia así entre el cuerpo incomprensible de Yolanda, la enigmática mujer-ave, y el orden masculino de Juan Manuel, el hombre de la ciudad que no puede evitar sentirse atraído por las peculiares facciones de Yolanda, "ese misterio nuevo", señala la voz narrativa, "hecho de malestar y de estupor" (Bombal 166).[41]

Ciertamente, hay en este texto una suerte de encantamiento sobrenatural que está relacionado no solo con la hibridez de un cuerpo femenino anómalo (esa metafórica y encantadora "isla nueva") sino también con el espacio de la historia, marcando claramente la tradicional oposición entre el campo (naturaleza libre e incontrolable) y la urbe (espacio euclídeo codificado). Al detenerse en la extrañeza de Yolanda, su longevidad, su cuerpo espigado y de pies pequeños y sus ojos de gaviota, Bombal subraya la calidad insular de este prodigioso cuerpo femenino que reside fuera del orden urbano en contraste con geografías corporales más comunes y reconocibles, menos exóticas. De este modo, lo opone al poder de un sistema masculino dominante (en una época en que las mujeres eran vistas como seres inferiores) y reafirma, a través de la fantasía, el terror que acompaña a una naturaleza que se convierte, bajo la lógica del placer y el displacer, en una anatomía antinatural: terroríficamente sublime.

Ante el cuerpo anómalo de la mujer-ave, la armonía de la humanidad de Juan Manuel queda dislocada: "En su hombro derecho crece y se descuelga un poco hacia la espalda algo liviano y blando. Un ala. O más bien un comienzo de ala. O mejor dicho un muñón de ala. Un pequeño miembro atrofiado..." (Bombal 160). En un principio, el orden del logos asume que la presencia atípica del ala proviene de una alucinación o de un fenómeno que puede ser explicado por medio del discurso científico, no obstante, al verse enfrentado con la realidad antinatural de Yolanda y con el descentramiento del concepto habitual de lo femenino, el cuerpo inteligible, en este caso representado por Juan Manuel, opta por la escapatoria y el rechazo. El campo, entonces, ya no es el espacio de la tranquilidad y de las vacaciones de verano sino un lugar terrorífico, una estancia que recluye la impureza del híbrido o del deforme y de la cual hay que alejarse física y discursivamente. La huida final de Juan Manuel a la ciudad simboliza tanto la muerte del sentimiento romántico (que Bombal parodia conscientemente a lo largo del cuento) como el alejamiento de la figura del monstruo para evitar que la contaminación simbólica y somática alcance al cuerpo social que domina el logos.

El acto de vedar la presencia del monstruo y, consiguientemente, de dejar de observarlo, se convierte en una estrategia de preservación cuando la figura monstruosa se manifiesta como una entidad incómoda o intolerable para el sistema normativo y representacional. Sin embargo, tal y como indica Garland Thomson, la exhibición del cuerpo extraordinario, la novedad del *freak* o de la maravilla, cumple un rol diferente cuando se trata de articular las ansiedades de un observador interesado. El monstruo de la coyuntura del espectáculo capitalista, en todo caso, debe soportar el escrutinio y la estupefacción de una concurrencia (así como una mirada unidireccional) que registra lo anómalo dentro de un catálogo de fenómenos observables. En esta línea temática se adscribe, por ejemplo, "El monstruo", relato publicado en 1967 por el argentino Daniel Moyano, cuya trama se centra en la fijación que un funcionario bancario de la ciudad tiene con una criatura lanuda de "enorme volumen" (7) que ha aparecido en un pueblo anónimo del interior del país:

> Los diarios comentaron mucho el asunto durante una semana. La última noticia que publicaron fue sobre la decisión de las autoridades municipales de colocar al monstruo en una plaza pública para que todo el mundo lo viera. Después, nada, como si el monstruo hubiese muerto. Publicaron fotografías, algunas más o menos nítidas y otras borrosas y oscuras. Ninguna fotografía me satisfacía plenamente en mi afán por saberlo todo sobre el monstruo. Eran por lo general vistas del cuerpo entero del monstruo, sin detalles que permitieran apreciar el brillo o la expresión de sus ojos o la calidad del pelo que cubría todo su cuerpo. (Moyano 6)

Ciertamente, el monstruo del relato de Moyano representa otra de aquellas criaturas extraordinarias que suscitan la atención de un público observador de fenómenos y maravillas. Al igual que el Gulliver de Swift a su llegada a la isla de Lilliput o el ángel varado en la costa de "Un señor muy viejo con unas alas enormes" (1968), de Gabriel García Márquez, la criatura de "El monstruo" cohabita el espacio de los seres inteligibles a partir de la instalación de un régimen de exhibición pública que la verifica como prodigio observable. Esta fascinación y seguimiento del narrador-protagonista, sin embargo, se va fragmentando a medida que avanza el tiempo de la historia debido a un pedido de licencia que tarda demasiado en concretarse y a la falta de noticias periodísticas sobre el monstruo:

> Faltaba una semana justa para que me concedieran la licencia. Por fin podría viajar y ver el fenómeno. Inútilmente compraba los diarios y las revistas para buscar más noticias. A veces, en breves líneas, se anunciaba que un funcionario había visitado al monstruo y publicaban sus comentarios. Pero nada más. De *él*, nada. (Moyano 10)

A pesar de los esfuerzos del narrador por estar al tanto del fenómeno, su desilusión irá acrecentándose mientras el monstruo, por su cuenta, comience a sufrir un proceso de endurecimiento y osificación en la plaza (11), siendo por su falta de movilidad cada día menos atractivo para los lugareños y también para el protagonista:

> Yo también había perdido gran parte de mi interés. Pensé que no había un hecho capaz de asombrarnos y me culpé a mí mismo de exaltado. Sentía una gran vaciedad y muy pocas ganas de marcharme, pero tenía todo preparado y la licencia concedida. (Moyano 12)

El silenciamiento progresivo del monstruo por parte de la prensa y el público, y la evidente decepción del narrador al subir al tren que lo llevará hasta el prodigio, hablan concluyentemente acerca de la tachadura simbólica que algunos cuerpos monstruosos experimentan cuando dejan de ser una novedad visual o espectáculo de primer orden (tal y como sucede en el espacio circense, acostumbrado a fabricar atracciones insólitas cada nueva temporada). La tachadura del monstruo, sin embargo, no siempre se presenta de forma implícita. En relatos donde la figura aberrante simboliza o encarna la maldad (algunos tipos de fantasmas, vampiros, demonios o entes interdimensionales) la estrategia de exclusión es sumamente explícita y con frecuencia se resuelve tan solo con la muerte o la desaparición integral de la manifestación monstruosa. Un ejemplo localizado en esta línea temática es "El huésped" (1959), de la mexicana Amparo Dávila, un breve cuento fantástico en el que nos hallamos ante la presencia de una criatura innombrable, maligna y de físico repulsivo que ingresa a la vida de una familia de pueblo cuando el marido de la narradora retorna después de un viaje. A diferencia de los tradicionales monstruos invasores o saqueadores, la extraña criatura de este relato recibe con facilidad el cobijo del dueño de casa, pues se trata en verdad de un huésped sin inconvenientes, un completo extraño que su benefactor describe como un ser "completamente inofensivo" (Dávila 6).

En cuanto portador de la ley patriarcal, el marido de la narradora simboliza un mundo donde la voz de la mujer está sometida a las decisiones y al arbitraje del hombre, incluso cuando la familia y el espacio íntimo se encuentran en riesgo de sufrir una ruptura o un trauma irremediable. En las páginas de "El huésped", la protagonista habla repetidamente de las imposiciones de su marido (entre las que destaca la presencia de la criatura), y de la desdicha que implica vivir bajo las normas de un sistema falocentrista que relativiza y minimiza sus miedos naturales a través del discurso de la histeria: "Cada día estás más histérica, es realmente doloroso y deprimente contemplarte así… te he explicado mil veces que es un ser inofensivo" (Dávila 9). Mientras el logos masculino ataca la constitución mental de la narradora, aquella presencia "lúgubre y siniestra […] con grandes ojos amarillentos" (6) la acosa en distintas habitaciones de la casa, aprovechando la ausencia emocional y física del esposo para incluso atacar físicamente al hijo de su sirvienta.

En un sentido alegórico, "El huésped" habla de un mundo en el que el despotismo y los prejuicios del sistema patriarcal crean una intimidad familiar en riesgo, una crisis interna que permite la residencia del monstruo y que solo se resuelve con el empoderamiento de lo femenino y la supresión absoluta de la presencia maligna. Son justamente las mujeres de la historia, la narradora y su sirvienta Guadalupe, quienes hacia el final del relato descentran el poder "protector" masculino (así como su abandono) y clausuran con clavos y tablas la habitación donde duerme el ominoso huésped cuando el marido realiza un viaje a la ciudad. De esta manera, como apuntan Corral y Ubiarte, crean un "nuevo equilibrio" y un "restablecimiento de un nuevo *yo/tú* que se da en el diálogo solidario entre el ama y la empleada doméstica" (221). En el caso de "El huésped", además, la zona de exclusión donde se acorrala a la entidad aberrante sirve también como una cámara de tortura, ya que el monstruo no solo no podrá salir de ella sino que paulatinamente morirá de inanición: "Vivió muchos días sin aire, sin luz, sin alimento…" (Dávila 10), poniendo de manifiesto una vez más, a través de los tópicos de la marginalidad (llámese olvido, exilio o muerte), el continuo silenciamiento del *otro monstruoso* por medio de métodos y espacios que salvaguardan la pureza y excluyen la corrupción anatómica y moral.

Semejante topografía, dentro de una estructura novelesca anticronológica y de apariencia "desproporcionada", es evidente en *El obsceno pájaro de la noche* (1970), del chileno José Donoso, donde a partir de una serie de oposiciones el autor complejiza la lectura de una genealogía familiar y también, como observa Urli, "teoriza sobre [la] monstruosidad" (4). Se proponen así dualidades entre lo agradable y lo desagradable, lo claro y lo oscuro, lo feo y lo bello, lo identificable y lo indeterminado, además del enfrentamiento entre la perpetuación del derecho de sangre (el descendiente que tanto ansían los esposos Jerónimo e Inés de Azcoitía) y la búsqueda de reconocimiento social por parte del escritor-narrador de la historia, Humberto Peñaloza/Mudito.

El obsceno pájaro de la noche plantea lo monstruoso como una condición vital que desfigura la identidad del mundo sensible y que es capaz, al mismo tiempo, de fabricar un mundo alternativo (pero secreto) en el cual las monstruosidades son regla de facto. Se trata de una narración, como señala Antonio Cornejo Polar, que reitera la preferencia de Donoso por aquellos "sectores del universo que tienen una marca común: el deterioro" (105). Este acercamiento a lo monstruoso, además, es constante y explícito y está representado tanto en la morfología "caótica" de la obra –en cuyas páginas se entremezclan retrospecciones y técnicas de polifonía textual que perturban una lectura lineal del texto, produciendo un discurso anómalo– como en la mención reiterada de criaturas horripilantes y aberraciones anatómicas. Entre estas se encuentra el niño deforme engendrado por el matrimonio Azcoitía, bautizado con el genérico inglés "Boy", personaje central de la narración que simbólicamente termina por anular toda aspiración de simetría y orden:

> [...] cuando Jerónimo entreabrió por fin la cortina de la cuna para contemplar al vástago tan esperado, quiso matarlo ahí mismo: ese repugnante cuerpo sarmentoso retorciéndose sobre su joroba, ese rostro abierto en un surco brutal donde labios, paladar y nariz desnudaban la obscenidad de huesos y tejidos en una incoherencia de rasgos rojizos... era la confusión, el desorden, una forma distinta pero peor de la muerte. (Donoso 229)

El "tan esperado vástago" de Jerónimo e Inés es el fruto de una unión animada por la subsistencia de un apellido, un fruto que al nacer deforme altera los planes de perpetuación de la familia Azcoitía e invierte el sistema de categorías de la novela cuando lo monstruoso, al menos en el mundo inventado por Jerónimo para proteger a Boy (el espacio de fenómenos de La Rinconada), se convierte en la medida estética que rodeará y normará la experiencia visual del niño. Aunque la monstruosidad es un motivo presente desde el inicio de la novela (el narrador Humberto Peñaloza/Mudito se metamorfosea y se construye frecuentemente como un monstruo utilizando múltiples personalidades deformadas), las zonas de inclusión y exclusión de lo monstruoso toman posesión del texto a partir de la aparición de la aberración física del heredero de los Azcoitía, modificando los espacios donde transitan tanto los amos como los sirvientes:

> Don Jerónimo de Azcoitía mandó sacar de las casas de La Rinconada todos los muebles, tapices, libros y cuadros que aludieran al mundo de afuera: que nada creara en su hijo la añoranza por lo que nunca iba a conocer. También hizo tapiar todas las puertas y ventanas que comunicaran con el exterior, salvo una puerta, cuya llave se reservó. La mansión quedó convertida en una cáscara hueca y sellada compuesta de una serie de estancias despobladas, de corredores y pasadizos, en un limbo de muros abierto sólo hacia el interior de los patios de donde ordenó arrancar los clásicos naranjos de frutos de oro, las buganvilias, las hortensias azules, las hileras de lirios, reemplazándolos por matorrales podados en estrictas formas geométricas que disfrazaran su exuberancia natural. (Donoso 230)

Cabe resaltar que a lo largo de la novela Peñaloza/Mudito comenta persistentemente acerca de la angustia de no poseer un verdadero rostro. La ausencia de un linaje perfecto, en el caso de Peñaloza/Mudito, y la tachadura del exterior "bello" por parte de Azcoitía, revelan una obsesión con el ocultamiento de lo no identificable y con el empleo de ambientes íntimos para el resguardo y el almacenamiento del monstruo que transgrede las formas de esta coyuntura narrativa (en el caso del exterior bello, además, el ocultamiento se presenta solamente a partir de la llegada de Boy, alterando la valoración del espacio en el discurso de la novela).

Lo monstruoso, de este modo, persiste en *El obsceno pájaro de la noche* como una categoría que define materias negativizadas, y es protegido y ocultado a causa de su diferencia, ya que, aunque etimológicamente la criatura monstruosa muestra y advierte, lo que finalmente informan su cuerpo y figura es la tergiversación y el caos de la forma ideal. En la novela, estas degeneraciones deben mantenerse en una zona de inclusión de lo monstruoso (La Rinconada), que es a la vez el espacio y cerco de exclusión para Boy y su deformidad.

A partir de las intenciones de Jerónimo de Azcoitía por resguardar la monstruosidad del niño sobreviene un mundo alternativo que de alguna manera ha aceptado el fracaso de la pureza de linaje. Así, se propone como respuesta una norma que invierte hipotéticos parámetros de belleza (se subvierten, por ejemplo, las esculturas del mundo grecorromano como modelos de ornamentación) para "monstrificar" los referentes estéticos de la casa:

> [Dispuso] que cerraran el último patio, el del estanque, con un murallón inexpugnable, y a la cabeza de este estanque rectangular erigió una Diana Cazadora de piedra gris tallada según sus estipulaciones: gibada, la mandíbula acromegálica, las piernas torcidas, luciendo el carcaj sobre su giba y la luna nueva sobre su frente rugosa. Adornó los demás patios con otros monstruos de piedra: el Apolo desnudo fue concebido como retrato del cuerpo jorobado y las facciones del futuro Boy adolescente, la nariz y la mandíbula de gárgola, las orejas asimétricas, el labio leporino, los brazos contrahechos y el descomunal sexo colgante que desde la cuna arrancó ohs y ahs de admiración a las enfermeras. Boy, al crecer, debía reconocer su perfección en la de ese Apolo, y sus instintos sexuales, al despertar, se encontrarían con la figura de la Diana Cazadora, o con una Venus picada de viruela y con un trasero de proporciones fantásticas arruinado por la celulitis, que retozaba insinuante en una caverna de yedra. (Donoso 231)

A través de este proceso de "monstrificación", La Rinconada se transforma en un espacio aislado y en un acto topográfico de disenso. Como señala Cohen en una de sus siete tesis acerca del monstruo, esto ocurre comúnmente para llamar la atención sobre "borders that cannot –must not– be crossed" (13), ya que el mundo creado en torno a Boy es un territorio prohibido para el discurso de la belleza, donde "la monstruosidad iba a ser lo único que desde su nacimiento don Jerónimo de Azcoitía iba a proponer a su hijo" (Donoso 231). Con la intención de instituir dicho espacio (siempre velado y separado del exterior), la valoración de la anomalía somática es replanteada a través de "la categoría noble de lo monstruoso" (233). De este modo, la casa de Boy comienza a ser ocupada por un ejército de figuras tutelares extraordinarias, "creaciones insólitas con narices y mandíbulas retorcidas… gigantes agromegálicos, albinas transparentes como ánimas" (233), que son obligadas a cuidar e instruir al niño ratificando los principios de esta nueva interpretación sobre lo monstruoso:

El niño debía crecer encerrado en esos patios geométricos, grises, sin conocer nada fuera de sus servidores, enseñándole desde el primer instante que él era el principio y fin y centro de esa cosmogonía creada especialmente para él. No podía, no debía por ningún motivo sospechar otra cosa, ni conocer la nostalgia corrosiva, que ellos, los sirvientes, conocían, de los placeres que se les negaron porque nacieron y vivieron en un mundo no coordinado para ellos. (Donoso 235)

A pesar de guardar lo "noble monstruoso", La Rinconada es un *locus amoenus* que invierte la belleza normativa del espacio placentero tradicional porque depende de la mentira y el ocultamiento, un lugar clausurado que hace de lo inarmónico la norma estética hegemónica siempre y cuando el contacto con el mundo exterior se encuentre absolutamente restringido. Ni siquiera el propio Jerónimo de Azcoitía, un hombre alto, elegante y rubio, puede integrar el lugar ameno de su trama, donde el único ser sin deformidades es el cronista oficial del mundo de Boy –Humberto Peñaloza–, quien se convertirá con el tiempo, según el plan de su patrón y por carecer de aberraciones físicas, en el verdadero monstruo de la mansión de La Rinconada. Esta monstruosidad, no obstante, no deja de ser una construcción fanática y a la vez una nueva referencia a la encarcelación a la que es sometido repetidamente el cuerpo monstruoso (tanto en la figura de Boy como en la variante que encarna Peñaloza). Lo cierto es que en esta novela de Donoso la monstruosidad continúa siendo observada a partir de un aparato de control que define inteligibilidades e ininteligibilidades en base a la diferencia física. Aunque la carga negativa se invierte para hacer repulsivo a Peñaloza y no precisamente a Boy, el monstruo continua existiendo, y es reafirmado con la reclusión del personaje aberrante en un espacio apartado, dentro de una especie de "*bricolage* monstruoso" (148), como apunta Ricardo Gutiérrez Mouat, donde únicamente reside lo deforme y lo que ha sido definido como diferente de lo "normal".

Las tipologías anormales, como hemos visto hasta el momento –ya sean productos de la fatalidad fantástica o de "fallos biológicos"–, son una insistencia en las narraciones sobre la monstruosidad y alimentan frecuentemente, como en el caso de Boy, un imaginario en el que el mito de la Bella y la Bestia parece presentarse como una premisa irrecusable, un sistema creador de otredad que degrada invariablemente al cuerpo híbrido o bestializado. Dichos cuerpos, en su mayoría extensiones de las aberraciones *contra natura* fabricadas por el Dr. Moreau, tienen un espacio recurrente en la tradición de lo terrorífico y en la expresión del siniestro freudiano a partir de circunstancias familiares que se transforman en anómalas.

Situada en los límites de dichos parámetros estéticos, la literatura de terror de la española Pilar Pedraza muestra una clara inclinación por el mundo de los cuerpos bestializados y las criaturas que conviven con la cotidianidad y los espacios aparentemente seguros, reafirmando así la presencia de lo siniestro. Un ejemplo de ello es el cuento de horror "Anfiteatro", relato incluido en el conjunto de narraciones insólitas *Necrópolis* (1985), en el que Pedraza refiere la historia de un profesor universitario llamado Fabio Mur, quien "ha recibido una inesperada invitación a participar en un simposio en la ciudad X" (13). Durante el trayecto a dicha ciudad, Mur toma el tren en el andén equivocado y recala por accidente en ciudad B, una pequeña población de provincia donde tendrá que pasar una noche para poder retomar, al día siguiente, la ruta correcta hacia X.

"Anfiteatro", al igual que otras obras de la narrativa de Pedraza, es un texto contemporáneo de horror gótico. En él se implantan varias de las características recurrentes del gótico romántico tradicional, como son: la atmósfera de misterio y suspenso en un lugar apartado, las pasiones desenfrenadas y los amores enfermizos, una heroína en apuros y un héroe guiado por impulsos sentimentales, entre otros. Dichos elementos recurrentes, sin embargo, son transportados a un mundo menos distante que el de los castillos descritos por autores como Horace Walpole o Ann Radcliffe y enmarcados en una situación aparentemente inofensiva al ser el protagonista un profesor universitario que, a falta de espacio en el único hotel de la ciudad, decide alquilar una habitación en la casona de una anciana:

> La casa era hermosa y antigua, amueblada con un gusto excelente, pero acusaba señales de decadencia. Tenía la suciedad elegante de las mansiones que no cuentan con la servidumbre adecuada a su tamaño: polvo en las lámparas, la plata opaca, la tapicería deslucida, los espejos empañados, los techos ennegrecidos. A Mur todo aquello le resultó gratísimo y se felicitó por haber ido a parar a un lugar tan atractivo cuando ya lo daba todo por perdido. (Pedraza 19)

Inicialmente, el profesor Mur solo planea dormir en casa de la anciana por una noche, pero conforme pasan las horas, y después de que pierde el tren de la mañana que lo llevará a su destino correcto, la estadía en casa de su anfitriona se prolonga por un rato más, el tiempo necesario para que el profesor encuentre un sobre con su nombre en el cuarto que alquila. La carta, firmada por una misteriosa persona que solamente se hace llamar "Y", guarda una petición que empieza a alterar los planes de Mur:

> Es obvio que tiene cosas que hacer, ya que está aquí de paso, pero mi situación es tan apurada que me atrevo a pedirle que se quede. Unos días, querido amigo, sólo unos días aquí y habrá hecho un bien infinito al mundo, o al menos a mí, que formo parte de él. No le pediría esto si mi situación no fuera verdaderamente angustiosa. Ahora no puedo explicarle más: no está usted preparado. Pero un poco más adelante, tal vez dentro de unas horas, comprenderá lo insólito de mi caso y el beneficio que su ayuda puede reportarme. (Pedraza 23)

La misiva de "Y", que en un principio Mur toma como una broma sin importancia, sumerge al profesor en la perplejidad cuando la hija de la criada de la casona le pregunta si habrá respuesta, explicándole, al mismo tiempo, que alguien espera por una contestación. Mur no logra sonsacarle a la niña quién es esa persona, pero finalmente la curiosidad puede más que su desinterés. Después de responder la carta prometiendo volver al finalizar el simposio y de recibir una segunda misiva de manos de la hija de la criada: "...si decide quedarse, me veo en la obligación de advertirle que lo que le voy a pedir es extraordinario y terrible" (31), escribe "Y", Mur retrasa nuevamente sus planes de partida y acepta ayudarla, pasando así de la elegancia de la casona a las ruinas de un antiguo hospital:

> Una escalera estrecha y muy empinada, de construcción reciente, les condujo a un largo corredor quebrado, pintado de blanco e iluminado con tubos de neón, que evocaba la limpieza patética de las granjas y los sanatorios. En un rincón, Mur vio argollas y cadenas de metal brillante, grandes cubos de zinc y algo que pareció un aparato ortopédico de caucho. No tardaron en hallarse ante una puerta blindada, que la niña abrió sin dificultad, dando paso a Mur a un ámbito oscuro y perfumado, muy diferente de lo que dejaban atrás. (Pedraza 38)

Las ruinas del hospital, al igual que la zona de exclusión creada para Boy en *El obsceno pájaro de la noche*, son un espacio prohibido y resemantizado con el fin de ocultar a "Y". El blindaje de la cámara protege el secreto de la dueña de la casona, un secreto que no solamente simboliza el encarcelamiento de un cuerpo ininteligible sino que también desvela la auténtica historia acerca de aquella hija muerta que Mur había visto anteriormente en una pintura de la familia, una muchacha de ojos claros y ausentes que "le recordaron los de un gato ensimismado en la contemplación de una presa imaginaria" (29). Aquella muchacha de extraña belleza que Mur daba por fallecida se encuentra en realidad encerrada en una zona de exclusión

y busca, por medio de misivas a un viajero desconocido, a un hombre que
sea capaz de librarla para siempre de su enfermedad:

> Es preciso que me mate usted esta noche. Ahora. [...] Mi enfermedad es del
> cuerpo, no del alma, aunque afecta a todo mi ser y pone en peligro la supervi-
> vencia de mi espíritu. Mi cuerpo, Fabio, está cambiando. Desde pequeña fui dife-
> rente, pero todos consideraban eso como una especie de graciosa peculiaridad.
> Unos ojos poco comunes, un talle demasiado flexible, la agilidad, el olor de la
> piel, el cabello sedoso, el vello... Fui una niña rara y preciosa, y una adolescente
> un poco siniestra. Después, todo fue en aumento, y pronto el proceso se consu-
> mará irreversiblemente y perderé mi auténtica naturaleza. (Pedraza 40)

El monstruo de "Anfiteatro", además de ser ininteligible y animalizado a
la manera de un felino, tiene la peculiaridad de interpretar su circunstancia
como el resultado de una patología, lo que lo convierte en un ser humano
enfermo que se degrada a sí mismo de forma simbólica y que, aparentemente, pierde también la naturaleza primigenia de su especie (o al menos el
ideal de una naturaleza virtuosa). Y es que, como señalan Punter y Byron,
"through difference, whether in appearance or behaviour, monsters function
to define and construct the politics of the 'normal.' Located at the margins
of culture, they police the boundaries of the human, pointing to those lines
that must not be crossed" (263).

En el texto de Pedraza, justamente, el concepto de lo natural vuelve
a ser equiparado al de normalidad. "Y", una criatura patógena que se
aleja de manera definitiva de aquella adolescente que rondó alguna vez
por los pasillos de la casa, cuestiona y repudia su transformación tratando
de hallar una solución al monstruo, utilizando para este fin la tachadura
absoluta de su peculiaridad física. Aunque la enfermedad de "Y" no es letal,
como sí sucede en el caso de las siamesas de "La doble y única mujer", las
transformaciones han incitado en ella el aborrecimiento hacia su propio
organismo. Sin embargo, debido a que confía en la salvación de su alma y
en la oportunidad de poder formularle a Dios la pregunta del porqué de su
mezcla impura, "Y" necesita que sea otro ser humano –el profesor Fabio
Mur– quien le ayude a quitarse la vida.

La resistencia de Mur a formar parte de este plan, no obstante, y la dis-
conformidad filosófica con la salida que "Y" ha elegido para liquidar sus
males, induce de pronto a la criatura a mostrarse tal y como es:

Bruscamente, se encendió una luz intensa, y Mur la vio ante sí, tan bella y monstruosa, tan torturada, tan humana y tan bestial que ni siquiera sintió repugnancia. Sólo un estupor glacial y una ardiente compasión [...] Los ojos de oro, la piel sedosa, los colmillos, la esbeltez elegantísima, el olor, dejaron de fluctuar entre una y otra naturaleza, y se fijaron en una forma ya perfecta, sin rasgo alguno de monstruosidad. La criatura saltó sobre Fabio Mur con un movimiento fastuoso, al tiempo que la pistola se disparaba. (Pedraza 42)

El final fatídico de ambos personajes nos habla de una síntesis de elementos inarmónicos y armónicos que confieren a la criatura típicamente espantosa un supuesto estadio de perfección, más allá del cuerpo monstruoso, pero cuyo final, a pesar de dicha forma "perfecta", continúa siendo el del monstruo estigmatizado y temido de la tradición occidental. Lo cierto es que "Y" es una criatura maravillosa ante los ojos de Mur solo cuando este siente compasión por ella; la voz narrativa, por el contrario, estabiliza al híbrido indeseado al relacionarlo con un animal perfecto, un ser que, como las mariposas, habría cumplido con su meta de desarrollo físico después de una difícil metamorfosis. Esta legitimación identitaria, que podríamos describir como extradiegética, contrasta sin embargo con el mundo ficticio y el final pavoroso del cuento de Pedraza. En el nivel intradiegético, la no monstruosidad de "Y" se convierte muy rápidamente en una monstruosidad perturbadora y amenazante. Es el asombro ante lo extraño más que el reconocimiento de la perfección el que gobierna al profesor Fabio Mur en sus últimos minutos. Al lanzarse al ataque del académico, "Y" no subvierte precisamente su monstruosidad sino que la culmina en un acto final de desesperación y desahogo. El desenlace de la historia, al mismo tiempo, nos presenta a Fabio Mur como el hombre que se ha negado a asesinar y a liberar a "Y" del caos que invade su organismo; la criatura que se abalanza sobre el profesor universitario, en definitiva, quiebra así la ambigüedad de su cuerpo cambiante para instalarse en su parte más animal, en la bestia monstruosa que a toda costa debe ser eliminada del relato.

Tal y como hemos visto, la calificación inarmónica que suele darse a los cuerpos desviados o antinaturales es un protocolo constante en la ficción occidental e hispánica. Un breve repaso de los planteamientos de lo monstruoso en tres textos posteriores a la publicación de *Wasabi*, la novela corta *Shiki Nagaoka: Una nariz de ficción* (2001), del mexicano Mario Bellatin, el cuento "Película japonesa de los años 60" (2006), de la salvadoreña Jacinta

Escudos, y la novela *Bestiaria vida* (2008), de la mexicana Cecilia Eudave, confirman una vez más esta tendencia al describir el aspecto físico de sus personajes centrales de esta forma:

> Hay quienes dicen que el nacimiento de Nagaoka Shiki presentó problemas debido a lo anormal de su nariz. Que incluso la vida del niño peligró al prolongarse el alumbramiento más allá de lo común. Asistieron a la madre dos parteras, puesto que Nagaoka Shiki pertenecía a una familia aristocrática. Cuando vieron al niño, las mujeres discutieron sobre si aquella nariz no sería un castigo. (Bellatin 11)
>
> Ella se había defendido con agudos chillidos que iban acompañados de un resoplido de mal aliento que le desbarataba el estómago a todos los presentes. Sus mandíbulas se abrían y cerraban emitiendo crujidos. Sus antenas se movían de arriba abajo, y se alzaba sobre sus patas traseras. El ejército estaba en estado de alerta máxima, con tanques y fusilería, listo a abatir a la entidad agresora en cualquier instante. (Escudos 31)
>
> Cuando nací no lloré. Lancé sólo un leve quejido, luego apreté las manos y los ojos [...] Era una pequeña bola de carne apretada y muda. El médico hizo un esfuerzo enorme para separar los miembros mientras la enfermera me envolvía en la sábana. Finalmente me llevaron con mi madre. Ella sí lloró al verme, debió pensar que después de ocho horas de parto merecía algo más que un caracol. (Eudave 9)

Tanto en las citas de Bellatin como en las de Escudos y Eudave, lo monstruoso se formula como algo amenazador e incongruente, y a la vez que como indicador de extrañeza y malos augurios. A pesar de pertenecer a diferentes textos, las tres descripciones comparten la otredad como significante (lo que es percibido a partir de los sentidos) y al monstruo como significado (lo que se interpreta en concordancia con dicha percepción). Esta relación lingüística, desde luego, no es infrecuente cuando se aborda el tema de la monstruosidad, pues la larga tradición del monstruo en la literatura y el cine (y ahora también en los videojuegos) se ha encargado de sellar un destino negativo y de poca fortuna para los cuerpos que se apartan de la norma de belleza hegemónica debido a su variedad física.

Es en esta coyuntura, tanto de antecesores como de sucesores, en la que *Wasabi* se diferencia de las representaciones tradicionales del cuerpo monstruoso a partir de sus principios mutacionales estéticos e ideológicos. En la novela de Alan Pauls, el personaje central, un narrador argentino invitado a pasar dos meses en una residencia de escritores en Francia, sufre apenas llegado a la comuna de Saint-Nazaire el brote y el crecimiento inexplicable

de un quiste muy peculiar en la base del cuello. De acuerdo con la homeó-
pata que lo ausculta, el quiste es solo una acumulación de grasa, pero para
el protagonista de la novela su textura ha empezado a sufrir alteraciones, de
ser "una simple lomita sobre la piel de la base de la nuca" (9), se ha hecho
áspero, y el tegumento parece haber adquirido una rugosidad de escama
(10). Desde su llegada a Saint-Nazaire, además, el narrador suele perder el
conocimiento a cualquier hora del día, sin esclarecerse nunca el origen ni
la función de estos ataques narcolépticos:

> No soñaba nada en particular. Dormía durante siete minutos, sistemáticamente,
> en cualquier momento del día. Más que sueños eran cortocircuitos, chispazos de
> ausencia en los que parecía desembocar una súbita aceleración de la vigilia. No
> podría decir que entraba ni que salía de ellos; me asaltaban, imprevistos, como
> colapsos, y cuando el hechizo dejaba de hacer efecto, todas mis facultades reanu-
> daban la marcha instantáneamente. (Pauls 17)

A lo largo de la novela, la desterritorialización del personaje central parece
ser una de las causas principales de los males que le aquejan, no solo en la
residencia de Saint-Nazaire, sino también en su posterior visita a la ciudad
de París. A esta conjetura, sin embargo, se debe añadir la condición de su
viaje, ese estado de "refugiado literario", pues se trata de un autor hispanoamericano que accede a una beca artística para escribir una novela en la
conocida Maison des Écrivains et des Traducteurs Étrangers (MEET), que
es, además, la génesis auténtica del libro de Pauls, quien escribió el borra-
dor preliminar de *Wasabi* durante una estadía en la misma residencia.[42] El
protagonista de la novela, no obstante, está atravesando por un bloqueo
de escritor y se ve imposibilitado de cumplir con la condición de la beca,
razón por la cual el quiste —y su incontrolable mutación— se convierte en
una de sus fijaciones principales, obsesionándose, del mismo modo, con la
idea de asesinar al artista y escritor Pierre Klossowski, a quien admira y
repudia de una manera insana y fanática:

> [...] visitaríamos a amigos, veríamos películas norteamericanas en su idioma ori-
> ginal, haríamos nuestra pequeña gira por los museos, y yo aprovecharía para
> tratar de conseguir una entrevista con Klossowski. (Sospechaba que la idea de
> ser entrevistado por un escritor argentino le resultaría lo suficientemente exótica
> para no rechazarla; una vez en su casa, después del café y de vagos preliminares
> periodísticos, cuando Klossowski se levantara para mostrarme una de sus últimas
> telas, lo mataría por la espalda.) (Pauls 50)

Todos los elementos que se conjugan en la historia (mutación, enfermedad, obsesión, estremecimiento homicida) revelan un estado de crisis existencial en el protagonista y lo insertan, a la misma vez, dentro de un marco de atipicidad,[43] no solo en lo pertinente a la trama del libro, sino también en lo que se refiere a la función de cierto tipo de escritor –lo que críticos como Ángel Rama y Hugo Achugar han llamado en su momento el escritor "raro", el atípico.[44]

Wasabi, de cierta manera, representa el rol atípico de algunos novelistas frente a las tensiones provocadas por una coyuntura de mercado que prefabrica y homogeneiza productos culturales. Recordemos, por ejemplo, que el protagonista de *Wasabi* no solo debe escribir un texto en dos meses como parte de la beca de residencia, una escritura definida por encargo, sino que está obligado a cumplir con diversas actividades editoriales a partir de lo que su agente-editor, Bouthemy, le sugiere y propone durante su estadía en Francia.

Como indica Mª del Pilar Lozano Mijares en sus estudios sobre la novela posmoderna:

> En la era de la cultura de masas, en la que el concepto tradicional de cultura ha sido sustituido por el de industria cultural, la democratización de la cultura ha provocado la ruptura de jerarquías y la crisis del concepto clásico de literatura. Ahora es un sector industrial el que impone un gusto, pero ya orientado hacia el público, que sufre esta orientación –o manipulación– sin ser consciente de ello. (192)

En el caso de *Wasabi*, el artista-escritor, encasillado y descentrado, es quien percibe "la crisis del concepto clásico de literatura", que podríamos definir mejor como el cambio de paradigma estético y discursivo que aparece con el fin de las utopías de la Modernidad. Sin embargo, lo peculiar de *Wasabi* es que además de representar aquel paso de un dominante epistemológico a uno ontológico (la manera en que McHale explica la novela posmoderna), el texto de Alan Pauls, a partir de su tono lúdico y sus principios mutacionales, parece cuestionar no solamente los grandes fines del arte y sus metarrelatos, sino también reflexionar sobre la manera en que la producción literaria actual, y el libro como objeto de consumo, han atontado al lector y al novelista a partir de la masificación de la literatura y la banalización del concepto de creación.[45]

En *Wasabi*, el artista-narrador no es un creador utópico, se trata, más bien, de un atípico que desde su mutación y descentramiento critica diversos mundos posibles de representación y contribución, incluso el mundo literario en el que participa, pues como ha anotado Mariana Amato en referencia al rol de lo corporal en el libro, "la carne [en *Wasabi*] surge como motivo de reflexión estética" (110), ya que el escritor "no inventa sino que es reinventado –deformado– por la patología que afecta su cuerpo (117). Desde nuestro punto de vida, el autor-organismo de Pauls no cuenta con verdades trascendentes ni absolutas ni vive solamente dentro de una lógica posmoderna; va un paso más allá gracias a la ganancia de función y la línea de fuga, ya que se hace líquido a través del cuerpo mutante, convirtiéndose de forma instintiva en un organismo en disenso continuo.

Es precisamente mediante el acto de disenso que el mundo se le revela – introspectivamente– como un espacio desaborido, falto de sustancia:

> El transcurso del tiempo no era más que una obstinada voluntad de dividir; el resultado, como es previsible, iba creciendo progresivamente. ¿Llegaría alguna vez a cero? Esa esperanza fue la última en abandonarme. El mundo, en efecto, es infinitamente divisible; tiende a cero, pero la cifra ínfima a la que esas divisiones lo acercan refleja menos un decrecimiento que una depuración, como si del otro lado de tanta resta no acechara el vacío sino la falta absoluta de estilo: el infierno desnudo. (Pauls 83)

Frente a las escisiones y las restricciones temporales, el narrador parece somatizar su intranquilidad e incertidumbre en la base del cuello, lugar donde se inicia la macromutación que transformará el quiste en un espolón puntiagudo y áspero. Esta variación morfológica de la carne, desde luego, representa los cambios que le perturban, sin embargo, la mutación del narrador no parece inquietar al resto de personajes (entre ellos su esposa Tellas, el editor Bouthemy y varios amigos), obviando, de esta forma, la tradicional observación externa que estigmatiza y rechaza a los cuerpos inarmónicos:

> Había empezado a caminar encorvado. No sentía ningún dolor, ni siquiera las molestias benévolas del crecimiento, pero lentamente mi cabeza iba doblándose bajo el peso de esa espada ósea, como si temiera que cualquier roce casual me lastimara la pared derecha del cuello. Iba por la calle, cabizbajo, con el cuello estirado como una tortuga. Por las noches, cuando me abandonaba al cansancio, encajaba una almohada en el espacio abierto entre la nuca y el espolón y el sueño

me invadía como un vapor olvidadizo. "Mi perchero, mi querido perchero", me decía Tellas al desnudarse, frunciendo la boca y colgando un corpiño en el espolón. Cuando repitió la ocurrencia con un sombrero delante de uno de sus amigos, un pintor atrincherado en su taller de suburbios, Tellas tuvo un ataque de risa y se atragantó con las almendras que nuestro anfitrión acababa de servirnos. El sombrero oscilaba como un péndulo sobre mi espalda, apenas sostenido por ese gancho que crecía, imperceptiblemente, a cada segundo. (Pauls 54)

El monstruo tradicional, o la anatomía repulsiva, carecen de espacio en esta narrativa de la extrañeza, y se disipan desde el punto de vista del observador externo pues en la novela no existe un aparato de control normativo que articule diferencias basadas en un consenso de belleza hegemónica. *Wasabi*, no obstante, plantea un ser ambiguo, un organismo prometedor que sufre macromutaciones que no parecen importarle a nadie más que al protagonista (quien ya no cree ni en las utopías ni en los sueños de la sociedad de consumo), y que licúa, al mismo tiempo, el valor simbólico del cuerpo monstruoso de la tradición occidental e hispánica. De esta manera, la novela abre paso a lo cambiante y a la potencia de variación, estrategias de resistencia que responden a circunstancias histórico-culturales y filosófico-estéticas conectadas a la trascendencia del cuerpo variable como una expresión líquida y una posibilidad de cambio ante la incertidumbre de la vida contemporánea. Lo mutante, entonces, puede asociarse con aquello que, según Bauman, se escapa por las grietas: "liquid life flows or plods from one challenge to another and from one episode to another, and the familiar habit of challenges and episodes is that they tend to be short-lived" (*Liquid Fear* 7).

Esta dinámica de flujo, consolidada a partir del malestar del protagonista y la ganancia de función provenientes del quiste, hace del monstruo de antaño un concepto vacío en la narración de Pauls, y del mutante, sin estigma en este caso específico, un ser en disenso con una significativa potencia de variación que no se asienta del todo en lo siniestro freudiano. Dicho potencial, sin embargo, se asume desde una situación de enfermedad y crisis, así como de colapso esquizofrénico momentáneo (la frecuente alusión a consumar el asesinato de Klossowski es el rasgo más evidente de trastorno mental)[46]. Esto determina que la mirada que describe y clasifica a los "otros" ya no parta del público espectador o del hombre de ciencia, sino de la percepción del propio individuo, que sea *su* propia internalización de las circunstancias –ese mundo extraño acorde a su atipicidad– la que desestabilice la noción tradicional de lo monstruoso y permita una apertura hacia el campo de lo mutante.

Como indica Lozano Mijares, la posmodernidad "convierte la vida humana en una serie sincrónica de partidas mortales que siempre se juegan contra alguien" (187). En *Wasabi*, "novela de la cura" (468), según Laera, ese juego mortal ataca al propio protagonista, que debe refugiarse en la enfermedad y la mutación. El hombre enfermo, en este caso, y no uno saludable, da paso al nuevo ser, dialogando con lo que Emil Cioran nos dice en *La caída en el tiempo*:

> Cualesquiera que sean sus méritos, un hombre saludable decepciona siempre. Imposible acordarle crédito a sus dichos, imposible ver en ellos más que pretextos o acrobacias. No posee la experiencia de lo terrible que es la única que le confiere un cierto espesor a nuestros actos; y tampoco posee la imaginación de la desgracia sin la cual nadie podría comunicarse con esos seres separados que son los enfermos. También es cierto que si la poseyera, dejaría de ser saludable. No teniendo nada que transmitir, neutro hasta la abdicación, se hunde en la salud, estado de perfección insignificante, de impermeabilidad a la muerte y a todo lo demás, de falta de atención hacia sí mismo y hacia el mundo. Mientras sea un hombre sano se parecerá a los objetos; en cuanto deje de estarlo, se abrirá a todo y todo lo sabrá: omnisciencia del temor. (93)

Es justamente "la experiencia de lo terrible", a través de la transformación del quiste en el cuello –sumada a la desterritorialización del personaje, los ataques narcolépsicos y el delirio–, la que le dará al protagonista de *Wasabi* una nueva percepción del mundo hacia el final del texto, cuando en una escena similar a las que suele entregarnos un filme del primer David Cronenberg, el espolón sea utilizado como un objeto fálico por una prostituta. En esa inefable circunstancia, el protagonista acepta su nuevo rol en el mundo, asimilando la noticia del embarazo de su mujer y la paternidad que se avecina. La imagen del futuro hijo del narrador dará pie a la especulación acerca de un porvenir dichoso, o al menos acerca de uno no tan lúgubre como el de la narración previa: fin de una etapa y comienzo de otra. Hacia el final de la novela, asimismo, el quiste ha llegado al clímax de su variabilidad, se advierte como un cuerpo fálico que la prostituta ocupa con entusiasmo y paroxismo:

> La vi bajar sobre mí (una nave sorprendida en pleno aterrizaje vertical) y contener la respiración y detenerse en el punto exacto en que el umbral de su vulva rozaba

el extremo del arpón. Después, como si por fin se hiciera eco de la orden que le impartían sus estremecimientos, la mujer, exhalando un largo suspiro, se sentó sobre mí con una lentitud exasperante y regocijada, ensartándose en el hueso hasta el fondo, hasta que la piel fría de sus nalgas descansó sobre mi espalda. Permaneció inmóvil unos instantes, concentrada en una especie de rígida incubación, y luego, impulsándose con las piernas, inició un rápido ascenso que volvió a suspenderla en la cresta del fósil. (Pauls 152)

Esta nueva percepción del mundo y de su existencia, que culmina con el orgasmo y el empalamiento simbólico de la prostituta, no es posible, no obstante, desde la categoría fija de la monstruosidad sino solamente desde la fluidez y liquidez de la mutación, que por otro lado es una condición nacida a partir de los trastornos que el protagonista sufre a su llegada a la residencia de Saint-Nazaire. De acuerdo con Cioran, la enfermedad, por ser un factor desequilibrante, "desentumece, fustiga y aporta un elemento de tensión y de conflicto" (96). El escritor desterritorializado de *Wasabi*, ciertamente, encuentra un camino de supervivencia en la modernidad líquida por medio de la mutación morfológica que sufre a causa de sus "males contemporáneos" (la obligación con el mercado del libro, el intercambio presuroso de bienes culturales, las estructuras que mercantilizan al autor atípico, etc.). La enfermedad y la mutación, en este caso, vienen a ser, como señala Susan Sontag, "a form of self-expression", un lenguaje que a la vez que revela también descifra una incógnita sobre los organismos enfermos (44–45).

Al enfermarse y proseguir hacia la mutación, el protagonista de *Wasabi* inicia aquel desciframiento, encuentra la manera de sobrevivir al miedo y la incertidumbre en un mundo donde, de acuerdo con Bauman, "the incomprehensible has become routine" (*Liquid Fear* 14), y donde también:

The feeling of impotence –that most frightening impact of fear– resides however not in the perceived or guessed threats as such, but in the vast yet abominably poorly furnished space stretching between the threats from which fears emanate and our responses. (20)

Wasabi, de esta manera, no se configura como una narración sobre la monstruosidad *per se*, sino como un texto que utiliza la figura del cuerpo mutante para acercarse a aquella modernidad que Bauman ha conceptualizado como líquida e incomprensible. La respuesta de Pauls a dicha coyuntura es un cuerpo capaz de transformarse y de licuarse a sí mismo (una ganancia de función y un nuevo agenciamiento), que relativiza, como ya hemos señalado, la imagen insalubre y negativa del monstruo tradicional. El miedo a la lógica del capitalismo avanzado, por cierto –una fuerza que intimida con frecuencia al personaje central de *Wasabi*– provoca un cambio físico extraordinario en el cuerpo del protagonista. Al enfermarse y escapar de sus responsabilidades, el narrador materializa su crisis en el quiste, y produce, a la misma vez, un nuevo cuerpo que es macromutación y testimonio reunidos: un "cuerpo-texto", línea de fuga, que expresa desde su inestabilidad el lenguaje de la variación.

El tema del cambio en *Wasabi*, además, se presenta también a nivel genérico al ser el texto de Alan Pauls una adaptación contemporánea (un mutante, si se quiere) de la novela de artista tradicional. Aunque *Wasabi* mantiene elementos esenciales de dicho género, como son las confesiones e introspecciones psicológicas, el análisis cultural y las digresiones sobre el mundo de la creatividad y el arte (Varsamopoulou xiii), el texto se hace atípico al desarticular la figura del artista-escritor que el *Künstlerroman* de finales del siglo XVIII y principios del XIX ensalzaba. La principal diferencia se halla justamente en lo que Lozano Mijares denomina "entidades coherentes" (164), es decir, en el fin del individualismo como discurso y utopía artística.

El *Künstlerroman* tradicional aboga no solo por un personaje de ficción al que se le han delegado metas gloriosas, sino también por un héroe que es capaz de logar hazañas a partir del uso de su talento, ya sea en el campo de la pintura, la escultura o la literatura. Así, el creador en las novelas de artista es celebrado y convertido en una entidad coherente, en un metarrelato del arte y en uno de los principios modernos para ordenar el caos del mundo real. Aun en sus vertientes "malditas" o "decadentes", el sujeto del *Künstlerroman* adquiere glorificación y genialidad a través del rol divino que el Romanticismo le ha obsequiado, y es típico de estos textos que el artista-protagonista sea nombrado, pues la especificidad de su talento, en cierto modo, radica en la personalidad de su nombre.

Como apunta George Ross Ridge, el artista moderno "is self-conscious unique; he knows that he is different from and does not belong to the herd" (6). Esta noción –ese saberse distinto– hace del héroe de la novela de artista tradicional un sujeto que privilegia su aislamiento y genialidad innatas, que puede retirarse y oponerse a la burguesía (como los Baudelaire, los Mallarmé o los Darío de la historia), pero que al mismo tiempo tiene una misión artística trascendental, un servicio que va de la mano con su condición de metarrelato y entidad coherente.

El sujeto en la novela posmoderna, en cambio:

> ya no se considera una entidad coherente, generadora de sentido; su percepción de la realidad y la fantasía no se articula en oposiciones binarias totales, sino en un juego inestable de coexistencia que termina con la superposición de ambas [...] La concepción de vida personal en tanto que relato unitario poseedor de continuidad, constancia y cohesión, es decir, todo aquello que produce una confortable sensación de seguridad en el sujeto modernista, ha desaparecido. (Lozano Mijares 164)

El protagonista de Alan Pauls, en contraste con el archivo del *Künstlerroman*, es un individuo desestabilizado y en mutación que desjerarquiza al artista-héroe tradicional al carecer de una entidad coherente (recordemos que para el narrador de *Wasabi* el mundo es "un infierno desnudo", "falto de estilo"). Su relato no insiste en la formación de un nombre ni en el desarrollo de una gran sensibilidad literaria, ni mucho menos en su genialidad y autoridad, sino que representa la licuefacción episódica de un escritor "raro" que se ve forzado a crear –a causa de las presiones de la beca de residencia y de su editor– bajo condiciones ético-económicas de mercado. Estas condiciones alteran su estado emocional y sus interacciones personales, al punto de que el cuerpo muta en pos de superar aquella pérdida de sentido del mundo.

A pesar de que durante gran parte de la narración el protagonista vive una crisis existencial –y que el bloqueo de escritor implica, a la vez, un fracaso artístico– el personaje de Pauls se adapta a partir de la enfermedad y la mutación del quiste y logra vislumbrar un futuro auspicioso; es atípico, cierto, pero a diferencia de los protagonistas tradicionales del *Künstlerroman*, este personaje no se inscribe como un individuo enteramente marginal a su entorno, ya que ni su capacidad artística ni su deformación son objetadas por el discurso de la novela. La atipicidad y la ex-centricidad del personaje de Pauls, en cambio, se relacionan con la forma en que el texto relativiza lo tradicionalmente monstruoso hasta convertirlo en prometedor y mutante, en una ganancia de función que implica un nuevo agenciamiento somático. La rareza del escritor de la novela, además, empujada por la desterritorialización y las tensiones de la modernidad líquida, se conjuga con la enfermedad y el desequilibrio que en la línea de pensamiento de Cioran son necesarios para saberse y reconocerse.[47]

El desenlace de *Wasabi*, de la misma forma, con esa mirada colocada en el bebé no nacido como una metáfora de resurgimiento, habla del poder de variabilidad de la mutación (la eliminación del macromutante como una corporeidad negativa e inarmónica) y no precisamente del fracaso del protagonista de la novela, pues se trataría de un proceso de ganancia de función que da origen a expresiones novedosas y a un nuevo sentir acerca de la realidad objetiva. De este modo, el autor-mutante de *Wasabi*, disensual y paradigmático en cuanto a la tradición monstruosa y el catálogo de anatomías aberrantes que lo precede y lo sucede, despliega posibilidades de adaptación (así como de emancipación) que le permiten adecuarse a través del cambio morfológico a las circunstancias e inseguridades que le rodean en el marco de la modernidad líquida. Bauman nos dice que la emancipación: "[...] aims at 'the development of autonomous, independent individuals who judge and decide consciously for themselves,' it is up against the awesome resistance of 'culture industry'; but also against the pressure of that multitude whose cravings that industry promises to gratify" (*Liquid Fear* 172).

Si tenemos en cuenta que el autor-mutante de *Wasabi* nace de la licuefacción y que se moviliza por medio de cambios morfológicos y principios mutacionales para evitar a la industria cultural-literaria, nos hallamos entonces ante un paradigma que propone nuevos significados y relaciones con lo sensible. La macromutación, en este caso, no se presenta como una anomalía negativizada o siniestra (ya sea una criatura de origen híbrido, una formulación pseudocientífica o el monstruo social que proscriben los discursos hegemónicos), sino como una construcción prometedora, una línea de fuga que actúa y que participa también desde el nivel molecular. A partir de dicha variación, el protagonista de *Wasabi*, atípico a la vez que líquido, se convierte en un cuerpo en disenso que reemplaza el sentido negativo de la monstruosidad por una estrategia de variabilidad continua, un potencial de cambio que, en esta novela, convierte al sujeto mutante en una categoría virtuosa.

Dichos cambios y relativizaciones, aquella relación singular con la sociedad y la cultura, son los que en definitiva nos han llevado a concluir que lo mutante participa en una constante revisión de las convenciones, las tipologías y los protocolos hegemónicos, así como en la suspensión de determinismos que rigen la obra artística y la producción cultural en general. La figura de la mutación, desde este punto de vista, implica un *no agotamiento*, una realización de significados alternativos, una inserción de variantes que abre espacios y transforma, mediante el poder de la variabilidad, géneros y subgéneros, modelos reglamentarios, representaciones, pautas intelectuales, marcadores de verdad, paradigmas y dispositivos de control con el fin de viabilizar una línea de fuga que activa múltiples relaciones con lo sensible.

Parte 4 Conclusión (acompañada de algunas mutaciones suplementarias)

A lo largo de las páginas de este libro, nuestro análisis estético-cultural se ha centrado en la figura del mutante como una variación contemporánea de lo monstruoso y como una noción productora de nuevos significados, proponiendo no solo una definición y conceptualización teórica para la investigación de manifestaciones culturales recientes, sino también detallando los rasgos fundamentales de los mutantes en un ámbito occidental que se ve afectado por la inminencia de lo posible. Al adoptar el concepto biológico de la mutación y apoyarnos en la idea de una nueva participación estética e ideológica mediada por la fluidez de lo cambiante, así como por la potencia de adaptación de los organismos vivos, nuestro trabajo ha propuesto un pensamiento que se aleja de la figura icónica del monstruo negativizado para alcanzar una materialidad que va más allá de la expresión de lo siniestro o antinatural. Instalados en dicha perspectiva, la noción de la moleculrización de la cultura contemporánea, tal y como la plantea Rose, nos ha servido también para resaltar la manera en que la figura contrahecha o inarmónica de la monstruosidad se relativiza en beneficio de la figura del mutante, una categoría basada en la inminencia del ser y en la desmonumentalización y dislocación frecuente de regímenes de verdad instituidos por los sistemas de normalización hegemónicos. De esta forma, hemos explorado el archivo del monstruo y recorrido su presencia desde la antigüedad clásica hasta nuestra contemporaneidad líquida. Dicha revisión nos ha permitido destacar la otredad y la lógica de exclusión que tradicionalmente ha delimitado la figura del monstruo en nuestra cultura, tanto en los terrenos de la ficción como en el plano de la realidad concreta, ya sea esta transmitida por el discurso filosófico, médico o jurídico, o vista desde diversas puestas en escena de la variación humana. Esta mirada al archivo histórico, estético e ideológico del monstruo antiguo, premoderno y moderno nos ha llevado a la conclusión de que en la posmodernidad existe una nueva y productiva sensibilidad hacia lo monstruoso, que ya no depende precisamente de *condiciones* sino, en realidad, de *variaciones*. Así, la figura del mutante, que es tanto una línea de fuga como un acto de disenso, abre novedosas posibilidades de participación e intervención en la cultura y el arte occidentales, y se distingue de la sobrecodificación determinada por los regímenes de verdad normativos a partir de su liquidez y de los espacios de apertura que despliega y vehiculiza.

Con este libro, al problematizar la figura del monstruo de la ficción, hemos querido llenar parcialmente la carencia en nuestro contexto de un estudio centrado en el mutante como una figura de cambio y como un productor de significados culturales, subrayando su potencial semántico, ideológico y artístico, y contrastando la lógica unívoca y negativa de la monstruosidad con la inminencia y la fluidez de la mutación. En ese sentido, la extrapolación del principio biológico de la ganancia de función mutacional –una alteración que transforma a los organismos vivos añadiendo significado a los genes–, nos ha servido para reflexionar acerca del modo en que las mutaciones constituyen expresiones alternativas y flujos de cambio sobre las estructuras molares del discurso moderno (y con el tiempo, seguramente, también del posmoderno). A la misma vez, hemos podido examinar cómo la variabilidad de lo mutante modifica las convenciones genéricas, los protocolos de sistematización y las tipologías más convencionales del monstruo de la ficción occidental al licuar los grandes regímenes de verdad que lo sustentan, insistiendo en una lógica contemporánea basada en una posibilidad constante de descentramiento y resignificación. Las condiciones de incertidumbre propias de la modernidad líquida sugerida por Bauman, como también el ocaso de las visiones totalizadoras acerca de la cultura y la situación del arte contemporáneo, nos han servido además para cuestionar visiones reduccionistas acerca de los aspectos negativos del organismo anómalo, abriendo un espacio para el nacimiento y la posibilidad de un cuerpo variable no proscrito, que es mutante por sobre todas las cosas. Esto, desde luego, no solo manifiesta un paradigma de desmonumentalización de discursos monolíticos, sino que también marca un antes y un después en la representación y la conceptualización de lo monstruoso en Occidente, y en la producción de representaciones culturales guiadas por una facultad donde prima, antes que la idea de la amenaza social a través de la figura degradada del otro, la dislocación de esencialismos estratégicos utilizados para perpetuar la conflictividad.

Queda claro entonces que al filosofar sobre el rol estético y cultural de la mutación nos hemos permitido elaborar un acercamiento propio acerca de los flujos de cambio y las indeterminaciones en el mundo de hoy, señalando al mutante como una figura habitualmente desjerarquizadora que presenta novedosas perspectivas de regeneración, así como sensibilidades estéticas e ideológicas que se movilizan a través de vías alternas a los grandes códigos maestros de la Modernidad. Todo ello, por supuesto, se fundamenta en el reconocimiento del organismo en mutación como un "ser-promesa", retomando los aportes intelectuales de Giorgi, una figura que produce y activa variantes culturales a partir de su potencial virtuoso. Lo mutante, de esta forma, se manifiesta en el mundo contemporáneo como una manera de establecer movilizaciones rizomáticas; no busca, simplemente, oponerse a un gran régimen de verdad, sino repensar aquellas formas previas de concebir y normalizar el mundo.

Los rasgos fundamentalmente variables de la mutación, en efecto, crean múltiples oportunidades y reconfiguraciones estéticas y culturales. Ya hemos visto cómo *Wasabi*, por ejemplo, abre un resquicio en lo sensible y altera de forma dramática la percepción del cuerpo anómalo y la novela de artista tradicional. Esta obra narrativa de Alan Pauls, sin duda, no debe verse como un extraordinario antimodelo, sino como una representación que nos refiere claramente al ámbito trascendente de lo mutante en el mundo actual. Al hacer un repaso final de algunos textos literarios y audiovisuales producidos desde mediados del siglo XX, en diversas regiones occidentales, podemos notar, sin apoyarnos en la exageración, que este tipo de sensibilidad no es de ninguna forma aislada ni gratuita, y que por lo menos desde la introducción de la figura del mutante en la cultura popular de los años sesenta, la imagen relativizada del monstruo y el cuerpo variable han servido para expresar no solo la polivalencia de la materialidad sino también para señalar modelos estéticos desgastados o estereotípicos.

En estas últimas líneas del libro, lo importante para nosotros no será necesariamente registrar todos y cada uno de los casos donde se presenta una dislocación o un replanteamiento del monstruo convencional, sino aportar una muestra válida del paradigma estético y cultural que nos compete para de este modo asistir a otros críticos en localizar manifestaciones relacionadas en productos culturales que ya existen o que surgirán en un futuro próximo. Visto de esta manera, sería negligente dejar de lado en un libro sobre la cultura de lo mutante la gran influencia temática y discursiva que se genera a partir de algunas historietas angloamericanas, especialmente los imaginarios colectivos que florecen gracias a la activación de las narraciones secuenciales de The X-Men (1963), primero a través de los planteamientos de sus creadores originales, el guionista Stan Lee y el ilustrador Jack Kirby, y después por medio de la continuidad de carácter primordialmente biopolítico y multicultural que, empezando a mediados de los años setenta, le dieron a este universo de ficción el escritor Chris Claremont y el dibujante John Byrne.[48]

Como sabemos, la historia del cómic de superhéroes estadounidense está dividida en cuatro etapas diferenciadas por el paradigma de personaje central utilizado y por las preocupaciones temáticas de los autores: las edades de Oro, Plata, Bronce y Moderna.[49] La segunda fase de dicha cronología, donde se instalan los X-Men, que abarca a grandes rasgos los años que van de 1956 a 1970, es considerada una época de resurgimiento estético de este género de ficción luego de la persecución gubernamental y el destierro cultural que sufrieron las historietas en los Estados Unidos a mediados de los años cincuenta.[50] El principal aporte de esta época al género del cómic, como nos indica Richard Reynolds, es la introducción de superhéroes mucho más humanizados, que se enfrentan no solo a la maldad de los villanos de turno sino también a sus propios conflictos existenciales (8–10), desviándose marcadamente del arquetipo de perfección que encarna un personaje de proporciones míticas de la Edad de Oro como Superman, máximo símbolo sobrehumano del paradigma anterior. La época plateada, asimismo, se distingue de las otras por la hegemonía cultural de la editorial Marvel Comics bajo la dupla creativa de los mencionados Lee y Kirby, quienes concibieron la mayoría del capital simbólico y el imaginario esencial de dicha casa editora, donde destacan personajes de notoriedad transnacional como Los Cuatro Fantásticos, Thor, Iron Man y por supuesto el grupo de jóvenes mutantes que conocemos como los X-Men.

El tema de la mutación, desde luego, es primordial en esta historieta de ciencia ficción superheroica, delineando un mundo en el que los seres humanos se dividen en dos especies distintas: homo sapiens, a la que pertenecemos las personas comunes y corrientes, y homo superior (The X-Men. Vol I. 11), esta última una especie con múltiples habilidades derivadas de mutaciones genéticas; entre ellas la capacidad de volar y mover objetos, la fuerza sobrehumana, la habilidad de manipular la materia a nivel molecular, la proyección de rayos ópticos, la teletransportación y la telepatía.

Aunque es cierto que en las distintas encarnaciones de los X-Men la diferencia genética del *homo superior* causa fobia y temor en algunos seres humanos (sobre todo por la presencia de grupos mutantes terroristas y paramilitares encabezados por la figura perversa del mutante Magneto), también es cierto que Lee concibió estos personajes, consciente o inconscientemente, para responder a problemáticas sociales como la discriminación y el racismo en una época en que la sociedad norteamericana se encontraba marcada por la segregación y el debate por los derechos civiles. El grupo de los X-Men, como apunta Martin Lund, "[has] been increasingly inscribed with allegorical Otherness" (1), y en ese sentido su presencia pasa frecuentemente de la inteligibilidad, cuando algunos los consideran héroes, al rechazo vejatorio, cuando sus cuerpos extraordinarios transgreden las líneas de demarcación de lo normal y de la pureza. Esta lógica de persecución y control somático se inscribe muy temprano en la saga con la primera historia de Los Centinelas (1965), entidades artificiales diseñadas para cazar y eliminar mutantes, que por medio de imperativos de exclusión y tecnologías de odio nos recuerdan historias de marginalización social y limpieza étnica en el ámbito del mundo concreto.[51]

A pesar de que hacia 1975 el planteamiento narrativo inicial de Lee y Kirby evoluciona con mayor incidencia hacia una relato al servicio de la aversión biopolítica y la psicosis, principalmente de la mano del grupo creativo liderado por el guionista Claremont, es innegable que la aparición de las viñetas de colores vivos de los X-Men en el imaginario occidental implica también una ganancia de función que se basa primordialmente en una identidad distinta de la normalizada y en una dislocación del estigma del cuerpo anómalo a través del comportamiento superheroico. La otredad, la sombra del biopoder y la angustia existencialista en la figura del mutante de Marvel son ciertamente visibles y recurrentes, sin embargo no podemos obviar la manera en que personajes como Bestia (un elocuente genetista y bioquímico con rasgos fenotípicos que hibridan lo humano y lo felino) o Nocturno (un mutante de ojos amarillos, tres dedos en manos y pies y cola prensil) descentran y resignifican lo típicamente monstruoso para vehiculizar una razón de existir diferente basada en el más puro superheroísmo.

En cualquier caso, y aunque concordamos con Rodríguez Moreno al resaltar la obvia monstruosidad del grupo de villanos de este universo (137), lo cierto es que la introducción de un grupo ficcional como los X-Men es una de las más célebres y tempranas representaciones de lo mutante como posible expresión líquida. Desde la segunda mitad del siglo XX, especialmente a raíz de la filtración de algunos de los valores de la contracultura de los años sesenta al mundo del cómic estadounidense (Kripal 177–181), la mitología de los X-Men ha servido de forma paradigmática para definir un subgénero de ciencia ficción biotematizada, del que beben en la actualidad tanto otras historietas alrededor del mundo como series de televisión, producciones fílmicas y obras de "alta literatura".

Aunque existe una obvia distancia entre la producción de historietas angloamericanas y la representación de excesos corporales en la literatura hispanoamericana de principios de los años ochenta (una correspondencia que en el siglo XXI, por el contrario, sí alcanza cierta simbiosis en autores más jóvenes), no faltan alusiones al cuerpo variable prometedor en el contexto narrativo de América Latina, especialmente en los terrenos genéricos de la ciencia ficción, lo fantástico y el gótico.

En un ensayo anterior, ya hemos destacado la importancia que en varios pasajes de la obra de Mario Levrero tienen "los tópicos literarios de la mutación, la metamorfosis y el cambio, ya sea al asociarse con lo espacial o lo corporal" (Raggio, "Desfamiliarizaciones y discontinuidades"). Así, el cuento "Capítulo XXX, el milagro de la metamorfosis aparece en todas partes", publicado en el año 1984, es quizá el ejemplo más llamativo en torno a esta temática en la nutrida obra narrativa del autor uruguayo.

La trama de este texto se centra en la llegada de tres pequeños huevos rojos a una isla y en las transformaciones que sufren tanto la peculiar planta forastera que nace de ellos como el joven que los rescata del cuerpo moribundo de un náufrago. Jorg, protagonista y narrador de la historia, es un muchacho incauto que vive separado de los adultos del pueblo en una comunidad de rasgos preindustriales junto a Luisa, su conviviente, y a otros jóvenes de la misma condición. Aunque la narración no lo plantea de forma explícita, la ambientación del cuento sugiere una circunstancia posapocalíptica o posradioactiva, ya que las mujeres en edad de reproducción han sido declaradas infecundas, los hombres parecen escasear y, más allá de algunos ajustes de cuentas entre muchachos e intervenciones circunstanciales de un habitante mayor, no hay evidencia clara de un gobierno comarcal ni global ni de un dispositivo de control disciplinario. Esta suerte de "incertidumbre argumental", desde luego, es endémica de la obra de Levrero y responde a su tendencia a desfamiliarizar tanto personajes como espacios, y también a la de alterar sutilmente las expectativas de lectores más acostumbrados a los usos de las convenciones mimético-realistas.

Sobre dichas vacilaciones y juegos genéricos, Ramiro Sanchiz apunta que "los acontecimientos centrales de la trama [de "Capítulo XXX"] no son presentados en un contexto de ciencia ficción clásica, con una explicación racional o científica [sino más bien con un sentido] de literatura fantástica (Sanchiz, "Capítulo XXX"). Ciertamente, el cuento se sitúa en un espacio liminal que denota ambos modos de representación y también esa proclividad levreriana por buscar formas de expresión emparentadas con el extrañamiento. En todo caso, podemos decir que en la obra de Mario Levrero mucho se manifiesta a través del mecanismo de la transformación, y que en "Capítulo XXX" esa transformación concuerda con un dispositivo mutante que convierte al protagonista en un signo inusitado y alternativo. El personaje de Jorg, efectivamente, se sustenta primero en los protocolos típicos del monstruo occidental, para luego violarlos y abrir así una fisura en lo sensible.

Las semillas que Jorg rescata del náufrago traen consigo alteraciones severas al *status quo* de la comunidad. Dichos cambios empiezan con las distintas fases de crecimiento y mutación de la planta que brota en la cabaña del protagonista, un ser vegetal que cuenta con varios apéndices y tentáculos, y que eventualmente alcanza evocaciones humanas, penetrando apasionadamente y con éxito orgásmico a Luisa y otras jóvenes de la comunidad. Jorg, por su parte, sufre también cambios significativos a partir de este brote. En primer lugar, somos testigos de su desintegración psíquica y comunicativa, guiada por la alienación, la agresividad, la paranoia y la disolución progresiva del concepto de ser humano como entidad coherente e incuestionable. Descentrado en su totalidad, Jorg llega al punto de perder también el control del logos. A este cambio mental se le suma una mutación drástica de la materia, primero con una suerte de vejez prematura (una anatomía gris, una vellosidad blanca) y más tarde con el cuerpo de Jorg convertido en una heteróclita planta-humanoide de cabeza petrificada.

Como menciona Jesús Eduardo Oliva, la transformación de Jorg "se va produciendo en un doble movimiento de adición y supresión pues, al tiempo que pierde las características de lo humano [...] gana propiedades vegetales y minerales, como la consistencia rocosa que adquiere su cuerpo y la curiosa característica de soltar esporas" (169). Esta ganancia de función hace del Jorg postrero un ser incomprensible para Luisa y los demás jóvenes de la playa, un cuerpo "antinatural", pero a la misma vez le proporciona una nueva naturaleza bífida que le permitirá después (suponemos) generar otros seres como él o como mínimo otras plantas semejantes a la primera. Lo cierto es que lo que debería acabar con una transformación fundamentalmente trágica y maligna, concluye en "Capítulo XXX" con una conciencia de germinación y florecimiento, y con la seguridad de Jorg, ahora sembrado y sintetizado en una materia que se combina con la tierra insular, de haber logrado alcanzar y propagar "la verdadera vida" (Levrero 82). El carácter ajeno, el valor ideológico y la monstruosidad de aquella heteróclita planta-humanoide han sido invertidos y permanecen incuestionados por el sujeto, un "yo" que en la obra de Levrero, tal y como nos recuerda Pablo Fuentes, nunca suele asombrarse demasiado (309). En todo caso, la infalibilidad de la apreciación, esa falta de pavor o aturdimiento ante las circunstancias, coincide justamente con el proceso mutacional del protagonista, quien pone en crisis su humanidad y la experiencia del mundo cotidiano para crear una *bios* y una fertilidad más allá de lo identificable por los protocolos somáticos hegemónicos.

En una vena conceptual parecida a la anterior, el personaje central de la serie de historietas para adultos *Brian the Brain* (1990–1993), del escritor y dibujante español Miguel Ángel Martín, es un cuerpo alterado a través de una mutación inducida y también una línea de fuga que fragmenta las murallas del paradigma tradicional de lo monstruoso. La ganancia de función biológica en el caso de Brian se centra primordialmente en su cerebro hiperdesarrollado, producto de un error científico que se origina cuando su madre, Clara Brane, una mujer soltera que trabaja como "cobaya humana", es sometida a diversos experimentos en un centro de estudios biotecnológicos ("Brian the Brain N° 5" 15). Dicho error de laboratorio, sin embargo, convierte al niño en un elocuente mutante que, a pesar de ser utilizado por su inteligencia superdotada, se diferencia del monstruo de laboratorio tradicional (*Frankenstein*; *El extraño caso del doctor Jekyll y el señor Hyde*; *La isla del doctor Moreau*) porque licúa la carga negativa que normalmente se atribuye a esta clase de personaje para brindarnos a cambio un "elogio de la diferencia" ("Entrevista a Miguel Ángel Martín" 72).[52]

A nuestro entender, el "elogio de la diferencia" puesto en marcha por el autor crea un discurso científico alternativo que se distancia del que está presente en la tradición del monstruo aberrante y criminal (la criatura de Víctor Frankenstein), del monstruo adicto (Edward Hyde) y del monstruo fruto del error de la ciencia (las bestias de Moreau o el profesor Delambre convertido en mosca en el cuento homónimo). La principal mutación estética se halla en el trato que recibe el cuerpo intervenido o el objeto de estudio, que pasa de ser una materia descartable a reconfigurarse como una posibilidad biotecnológica valorada (un mutante virtuoso). Mientras que Clara Brane, por ejemplo, representa a la cobaya humana desechable y moribunda, el cerebro hiperdesarrollado de Brian es visto como un órgano que debe protegerse y "conocer[se] a fondo" para alcanzar avances científicos importantes ("Brian The Brain N° 8" 19): "Tu cerebro", señala el doctor a cargo durante una amena charla con el niño, "nos abrirá nuevos caminos en el conocimiento del órgano más complejo de la naturaleza" (20). Esta afirmación, no obstante, aparece en las viñetas de *Brian the Brain* sin la malicia ni la explotación propias del relato de horror científico, cambiándolas por un discurso de promesa biotecnológica que se enaltece en el cómic de Martín a través de la "supernormalidad" física e intelectual que la mutación de Brian personifica.

Debido a dicha singularidad, *Brian the Brain* se sitúa al margen de los cánones oficiales del monstruo y también de la tradición del cómic español, un género artístico que hacia los años noventa ya había pasado por diversos cambios ideológicos y formales, primero durante la Transición posfranquista y el establecimiento de la nueva democracia –específicamente en el período emblemático de la Movida– y luego con la aparición de la aumentada crisis de valores de la cultura de la Generación X. Así, la obra de Martín toma la crudeza temática e imaginativa de la línea dura del cómic *underground* español (también denominada *línea chunga*) para vincularla, de manera sumamente irreverente, a la depuración formal y la asepsia de la estética clara franco-belga (popularizada por las historietas de Hergé). *Brian the Brain*, al mismo tiempo, es un texto de paneles minimalistas que desarticula visualmente los acostumbrados parámetros de localización del monstruo de laboratorio, rigiéndose por la movilidad y no por el estatismo o el aislamiento. En vez de crear una dicotomía entre espacios públicos y privados que marca lugares de higienismo permanente donde el monstruo no es bienvenido (lugares donde la humanidad se distancia del *otro*), el texto de Martín construye múltiples escenarios de acción para el cuerpo mutante (escuelas, centros comerciales, parques, etc.), que no solo actualizan este tipo de representación, sino que ilustran una movilidad espacial poco común dentro de la tradición de los organismos alterados a la que Brian pertenece.[53]

La actualización y mutación de elementos monstruosos provenientes de obras anteriores, como se da en el caso de *Brian the Brain*, puede también advertirse en la serie de televisión estadounidense *Alphas* (Zak Penn y Michael Karnow, 2011), particularmente en la manera en que sus creadores adoptan algunos códigos estéticos inaugurados en las historietas de *The X-Men*. A pesar de contar con tan solo veinticuatro episodios y dos temporadas, esta serie de televisión es un importante modelo representacional en torno al tema de la mutación genética y la molecularización del razonamiento, ya que combina tanto aportes de la técnica audiovisual como de la cultura del cómic. De acuerdo con la sinopsis de la producción, la serie se enfoca en:

> cinco personas ordinarias que son escogidas para formar un equipo extraordinario de *alphas*, individuos con el poder de extender las facultades de la mente humana consiguiendo habilidades físicas y mentales superiores. Operando dentro del Departamento de Defensa de los Estados Unidos y liderado por el reconocido psiquiatra Lee Rosen, un experto en el fenómeno *alpha*, el equipo se dedica a investigar casos relacionados con otros humanos con habilidades semejantes. ("Alphas", la traducción es mía)

Si bien *Alphas* cuenta con mecanismos discursivos y estéticos autónomos que se relacionan principalmente con la polisemia y el dinamismo de la imagen televisiva contemporánea, es evidente que el arquetipo sobrehumano fundacional de Marvel Comics interviene de manera explícita en la premisa de esta narración. En tal proceso, los clásicos paneles de Lee y Kirby, como mencionamos anteriormente, tienen una injerencia temática importante, tal y como sucede con otros productos culturales que fusionan la adolescencia o la adultez temprana de los protagonistas, la ampliación de las habilidades psíquicas y motrices por medio de mutaciones a nivel molecular y la ejecución de una causa justa o reivindicadora. Cabe destacar, asimismo, otros diálogos narrativos con la historieta de la Edad de Plata como son el eterno retorno al espacio y al *topos* neoyorquino como localización fundamental e influencia sociológica del personaje superheroico, así como el aspecto multicultural y multiétnico del mutante de Marvel.

Aunque los *alphas* no son representados con las vestimentas superheróicas tradicionales a lo largo de la serie, fundamentalmente porque sus creadores juegan con la idea de la condición "ordinaria" del sujeto, la ciudad de Nueva York es el espacio físico primario de sus acciones e investigaciones. Esta ciudad sirve como el entorno social, moral y económico del equipo del doctor Rosen, quien, coincidentemente, cumple en el relato una función paternal y anímica consonante con la del profesor Charles Xavier de la mitología de los X-Men. Al evitar conscientemente la figura superheroica tradicional, sin embargo, (suponemos tanto por audacia creativa como por conveniencia presupuestal de sus guionistas y productores), *Alphas* logra un realismo infrecuente en esta clase de ficción, anteponiendo la intriga policiaca y el suspenso a la sobreabundancia de efectos especiales y al recurso manido del traje multicolor bajo la ropa de civil. Los protagonistas de la serie son "personas ordinarias" que se mimetizan con el entorno, y a pesar de que trabajan para el Departamento de Defensa, solo se valen de excusas y del refugio de una oficina alquilada para esconder sus operaciones. Estas particularidades los distinguen de forma dramática de los personajes de Lee y Kirby, en vista de que estos últimos, primordialmente a causa del género narrativo al que pertenecen, refuerzan con asiduidad el valor simbólico de sus uniformes y de sus casas santuario o guaridas.

Otro aspecto significativo de la serie es la representación fenotípica de los *alphas* en contraste con la de los mutantes de Marvel. Aunque los miembros del equipo del doctor Rosen, vistos ya desde la perspectiva del ojo disciplinario y biopolítico, son personas "anormales" y de habilidades contrahegemónicas, sus rasgos visibles mantienen cierto "equilibrio morfológico" y se ajustan a una anatomía estandarizada que evita en todo momento la deformidad o la desproporción, siguiendo de algún modo los patrones de belleza de la imagen reproducida por Hollywood. Todo esto, además, es representado en la serie a pesar de la diversidad étnica de los personajes, que incluye no solo el prototipo caucásico estadounidense sino también grupos sociales descendientes de afroamericanos y de poblaciones del Oriente Medio. Comparativamente, sin embargo, los X-Men y sus antagonistas son un grupo con mayor heterogeneidad física, valiéndose de un amplio espectro fenotípico que denota una serie de "normalidades" y "anormalidades" anatómicas que van desde los estereotipos de "perfección occidental" (los cuerpos y rostros de Jean Grey o Gambito, por ejemplo) hasta las imágenes de absoluta marginalidad grotesca, compendiadas de forma muy particular en la figura aberrante del grupo de mutantes conocido como los Morlocks (modernización de los clásicos personajes de H. G. Wells), una horda de seres de vida subterránea que en las historietas de Marvel se caracteriza por su tendencia antisocial.

Evitar la desproporción y la deformidad de las anatomías humanas (aquello que Mary Douglas advierte como lo "contaminado" e "impuro") implica desde luego una carencia visual de objetos terroríficos en los cuales enfocar la percepción. Lo cierto es que los cinco protagonistas de *Alphas* cuentan con habilidades "antinaturales" que les dan la facultad de, por ejemplo, interactuar con las señales de comunicación inalámbricas y procesar la información de manera directa, aumentar uno de sus cinco sentidos a niveles extremos, inducir a la gente a cumplir órdenes, o incluso regular la velocidad y la potencia muscular de su propio cuerpo.

En definitiva, lo que hace audiovisualmente estimulante a todas estas habilidades no es solo la manera en que los diálogos y efectos de sonido de la serie celebran las nociones de la neurociencia y la bioquímica, sino también la forma en que los distintos directores del programa representan los sentidos aumentados y las neuroanatomías de los *alphas* mediante animaciones y planos macrofotográficos digitales. Dependiendo de la versatilidad del animador, dichos planos muestran el nivel molecular o celular de los procesos químicos y biológicos que inciden en los integrantes del equipo del doctor Rosen, consiguiendo una vista muy peculiar de los efectos interiores de la mutación. Evidentemente, todas estas son características que separan a los *alphas* de un ser humano común, una genética tradicionalmente vinculada a la figura del monstruo y del anormal, pero que en esta serie de televisión no cobran auténtica trascendencia hasta el episodio 11 de la primera temporada, cuando el secreto de la existencia de la mutación *alpha* es develado a la sociedad por medio de una videotransmisión clandestina.

Aun después de dicha crisis y de la confirmación de la existencia de una facción mutante llamada "Bandera Roja" (ligada discursivamente a la teoría marxista de la violencia como táctica para resolver la oposición entre oprimidos y opresores), el nivel de resistencia hacia los *alphas* no deriva en la misma cultura de odio que sí se explota infatigablemente y con mayores repercusiones en el relato de los X-Men. Al no ser una expresión reiterativa en el mundo de ficción de *Alphas*, el monstruo "que choca con su corporalidad como contra un muro de contención que hace inexpugnable su campo simbólico" (Moraña 50) pierde la autoridad y la potencia de convertirse en un estímulo negativo en el encuadre cinematográfico de esta representación televisiva. La serie de Penn y Karnow, por ende, exporta al mundo real otra posibilidad somática (una genética mutante mucho más fluida e inteligible), que, al sumarse a la función policial-heroica de los protagonistas, desmitifica en el siglo XXI los típicos criterios de exclusión resguardados por los determinismos políticos y culturales acerca de lo anormal.

Este mismo rupturismo en torno a la explotación del cuerpo anómalo está presente en el filme estadounidense *La forma del agua* (Guillermo del Toro y Vanessa Taylor, 2017). Visto como un texto mutante sobre las interacciones con lo monstruoso, que participa además de la tensión entre la tradición y la innovación, *La forma del agua* reúne una serie de adaptaciones representacionales vinculadas con la intertextualidad y la hibridación estética del archivo de la ficción occidental.

Es bastante obvio, primeramente, que los arquetipos de la Bella y la Bestia (incluyendo los modelos visuales que añade la versión fílmica de 1946 dirigida por Jean Cocteau) son piezas fundamentales en esta narración cinematográfica. Los protagonistas de *La forma del agua*, Elisa Esposito (Sally Hawkins) y la Criatura (Doug Jones), nos remiten, por medio de la simbología y la puesta en escena, a la tradición del cuento de hadas europeo, compartiendo así el sustrato formal de *El laberinto del fauno* (2006). El filme de Del Toro, además, utiliza una estructura interna que se sirve de un narrador representante de la sabiduría y del orden retórico, en este caso en la voz en off del vecino de Elisa, Giles, personaje interpretado por Richard Jenkins.

Si bien en el universo ficcional de *La bella y la bestia* la oposición binaria entre la belleza y la fealdad responde no solo a anatomías sino también a jerarquías de clase y poder económico en el siglo XVIII, la película de Del Toro prefiere al principio nutrirse de la lucha de contrarios principalmente en términos corporales. En el transcurso del filme, sin embargo, el discurso y la textura fotográfica de la obra subvierten dicha oposición cuando Elisa empieza a cobrar interés platónico y después sexual por la criatura, mutando convenciones e ignorando así el típico recorrido de la materialidad "monstruosa" como una desarticuladora por excelencia del orden físico.

Más importante que los arquetipos de la Bella y la Bestia quizá sea la relación intertextual que la obra tiene con el filme de terror *El monstruo de la laguna negra* (Jack Arnold, 1954). Del Toro y Taylor, cocreadores del guion de *La forma del agua*, toman de la película de Arnold no solo la anatomía y los hábitos esenciales de la criatura monstruosa, un anfibio humanoide con capacidades sobrehumanas, sino también el origen amazónico y mágico-religioso de la especie. Otro préstamo notorio, además, es el tiempo de posguerra en que se desarrolla el relato y las pulsiones sexuales entre una "amenaza exógena" y una hembra humana, una relación interpersonal, valga la mención, presente también en el universo de la Bella y la Bestia, aunque sin el componente sociomilitar y geopolítico de la Guerra Fría.

La forma del agua, al igual que el filme de Arnold, se sustenta en un trasfondo científico bastante elemental (tocando la línea de la ciencia ficción blanda), en el cual el ser humano, como poseedor del logos y organizador de lo cognoscible, tiene la misión de capturar, examinar y diseccionar posteriormente a una especie animal novedosa, inscribiendo el relato dentro de los códigos fundamentales del monstruo de laboratorio occidental. Este espécimen extraño, sin embargo, se fusiona también a un motivo mágico-religioso paralelo, ya que la criatura, como sucede con otras maravillas biológicas, es considerada por los amazónicos una deidad del bosque.

A esta reunión de intertextualidades y *leitmotivs* hay que sumar la configuración abiertamente transgenérica y autorreflexiva de la película de Del Toro, pues el realizador nos propone un drama audiovisual que hibrida terror, cine romántico, musical y cine de suspenso, dialogando con distintas dimensiones visuales del Hollywood clásico. Esta autorreflexión fílmica, no obstante, es simultáneamente una ruptura epistémica y también otra mutación de los protocolos tradicionales del monstruo de laboratorio. Aunque los préstamos de la ciencia ficción y del terror de los años cincuenta son indudables, *La forma del agua* tiene definitivamente intenciones dislocadoras cuando se enfoca en el trato hacia la criatura y en sus relaciones con el ser humano, en particular sus relaciones con lo femenino. Lo cierto es que Elisa (una mujer muda que entiende lo que es el rechazo social, un cuerpo inarmónico, según la norma somática) es un personaje absolutamente contemporáneo, muy distinta de la víctima/heroína histérica del cine de la primera mitad del siglo XX y tiene, comprensiblemente, más relación con la figura de Ellen Ripley en *Alien* (Ridley Scott, 1979) que con la de Ann Darrow en *King Kong* (Merian Cooper y Ernest Schoedsack, 1933).

Siguiendo ese paradigma audiovisual en torno al comportamiento femenino, Del Toro y Taylor desestabilizan conscientemente el horror y cambian la histeria ante el otro monstruoso por la admiración pura de la belleza. Al realizar dicha mutación e insertarse en el campo de lo platónico, el sentimiento de lo siniestro y el miedo ancestral hacia el monstruo se quiebran automáticamente. Todo el poder desestabilizador de esta pieza cinematográfica, desde luego, se centra en el punto de vista del personaje de Elisa, quien reconoce a la criatura no como un *objeto* sino como un *sujeto*, reemplazando el pronombre demostrativo *ese* (monstruo) por el personal *él* (hombre). Para Elisa, al mismo tiempo, la criatura la "ve por lo que es [y] por cómo es", y de esa alteridad entre ambos nace una relación romántica y sexual que relativiza tanto el asco hacia lo diferente como la monstruosidad (y en este caso también la animalidad) del cuerpo siniestro, que finalmente pasa a ser una posibilidad mutante filmada en armonía, sin la diferenciación angular que comunican los planos contrapicados típicos del cine de horror.[54]

La verdadera monstruosidad en *La forma del agua* se localiza más bien en la figura del militar (Michael Shannon en el papel del coronel Strickland), y en la representación del complejo industrial estadounidense y soviético, que no solo es fría en términos emocionales sino también en términos fotográficos, apoyándose en una iluminación baja de tonos pardos y verdosos que contrasta con la calidez de las localizaciones que se encuentran alejadas de la criatura apresada y de la puesta en escena mecánico-electrónica del laboratorio. Desde este punto de vista, lo monstruoso en *La forma del agua* transita de la anomalía física (o de lo que el discurso monocentrado considera anómalo), a la naturaleza bélica y la ambición de dominación mundial de los hombres, ya sea en el contexto de la posguerra o en el actual. Ese replanteamiento de la figura del monstruo causa una nueva lectura de la corporeidad aberrante, relativizándola, y funciona a la vez como un acto de disenso y estrategia mutacional que pone la variedad de lo posible por encima de la lógica de lo unívoco.[55] Esta manera de ver y representar el mundo, sin duda, constituye una mutación de los antecedentes fílmicos, pero también una apertura hacia la emergencia de lo que ha sido tradicionalmente reprimido por el discurso disciplinario. El cuerpo anómalo, en cualquier caso, ya no es entendido como una simple interdicción abyecta, sino como el espectáculo visual de un porvenir virtuoso y falto de fobias, tal y como ocurre, con similar productividad, en el despliegue hipnótico y recargado de una película de recursos hiperbólicos como *Pieles* (2017), del cineasta español Eduardo Casanova.

Compleja tanto en la utilización de lo absurdo como en la representación de lo grotesco, y reminiscente de pasajes surrealistas de *Eraserhead* (1977) y *Corazón salvaje* (1990), de David Lynch, *Pieles* ocupa un verdadero espacio de excepción entre las obras audiovisuales más recientes producidas en la región hispánica. Al valerse de una política cultural posmodernista que nos refiere, de acuerdo con la visión teórica de Andreas Huyssen, a una época que "elimina la separación histórica entre lo estético y lo no estético" (249), esta película congrega una serie de elementos transgresores que desmitifican el rol de lo repulsivo en la ficción contemporánea.

Ciertamente, el texto audiovisual de Casanova forma parte de la dialéctica señalada por Huyssen, y centra su versión de la materialidad "anómala" en lo que podríamos describir como el estímulo sensorial de un pastiche recargado. Casanova y su directora artística, Idoia Esteban, obtienen este efecto a partir del uso de colores pasteles y líneas horizontales, recordándonos, por momentos, el diseño interior contemporáneo de habitaciones infantiles y de espacios de exhibición en tiendas de lencería o de confitería.

En una vena fotográfica muy similar a la que apreciamos en filmes de Peter Greenaway, esta obra audiovisual se inclina repetidamente por la simetría como elemento clave en la concepción estética del encuadre cinematográfico. A partir de dicha composición, a la que se suma una sobrecarga visual de espacios, *atrezzo* y vestuario de distintas tonalidades bajas de rosa y de lila (colores de tendencia sedante y tranquilizante), el contraste con el asunto básico del texto desarticula todos los supuestos sociales acerca de la belleza y el horror que se celebran en Occidente. De este modo, la experiencia normalizada del sujeto anómalo/repulsivo y su lugar crítico en el marco del discurso emotivo, corporal y moral hacen que el filme explote positivamente una puesta en escena que en otra época hubiese sido catalogada simplemente como kitsch.

En *Pieles*, sin lugar a dudas, hay una sublimación del "mal gusto" a cambio de un álbum de "malformados" (entre ellos Samantha –Ana María Polvorosa–, una mujer con el ano en el lugar de la cavidad bucal), que en vez de ocasionar rechazo o asco inmediato atrae al espectador por su mimetización con la simetría bilateral de los objetos y la suavidad codificada del color rosa.[56]

Comparativamente, *Pieles* es el "otro" del clásico filme de horror de Tod Browning *La parada de los monstruos* (1932), pues mientras una película reafirma lo aberrante con la exposición en blanco y negro de fenómenos circenses, la otra lo desfamiliariza, utilizando la suavidad de una paleta de colores contraria a nuestro concepto habitual de lo espurio y contrahecho.[57]

En la obra de Casanova, la fusión de elementos que provocan equilibrio geométrico y simbólico disloca con eficacia las expresiones de monstruosidad y los mecanismos de represión y censura que las sistematizan. El otro, el anormal –personas con malformaciones oculares, obesos, depravados, organismos híbridos, etc.–, se licúa poco a poco, y pasa a controlar el discurso del texto sin ser reprimido sino empoderado, recategorizando lo monstruoso por lo mutante. Esto no solo les da lecciones de una "normalidad" alternativa a los seres humanos inteligibles de la trama (y simultáneamente al público), sino que también permite que la supuesta desviación somática o moral alcance el sentimiento de plenitud interna y externa y no siempre el de culpa o abandono.

En una escena central del filme, Ana, personaje interpretado por Candela Peña, le recalca a un novio enamorado de su deformidad que ella es "más que una mujer deforme", desmontando así tanto el espectáculo de lo monstruoso y de la materia diferente como el fetiche sexual de su pareja, que en el fondo es una representación de todos los fetiches contemporáneos y de la energía psicológica de la libido freudiana. De esta manera, la fealdad y la vergüenza que se impone sobre los cuerpos variables en otros textos de ficción (y las construcciones sociales unívocas que dominan la ideología y la cosmovisión occidental acerca del monstruo) quedan desplazadas en *Pieles* para enseñarnos –mediante la ornamentación del exceso visual y la simbología alternativa– a entendernos y relacionarnos mejor, y para aprender a amar inequívocamente, más allá del razonamiento monocentrado, la materia mutante que somos.

Lista de textos interpretados

1. "El príncipe alacrán" (Clemente Palma, Perú, 1912)
2. "La doble y única mujer" (Pablo Palacio, Ecuador, 1927)
3. "El tintorero enmascarado Hákim de Merv" (Jorge Luis Borges, Argentina, 1935)
4. "Las islas nuevas" (María Luisa Bombal, Chile, 1939)
5. "La fiesta del monstruo" (Bustos Domecq, Argentina, 1947)
6. "El huésped" (Amparo Dávila, México, 1959)
7. *The X-Men* (Stan Lee y Jack Kirby, Estados Unidos, 1963)
8. "El monstruo" (Daniel Moyano, Argentina, 1967)
9. *El obsceno pájaro de la noche* (José Donoso, Chile, 1970)
10. "Capítulo XXX, el milagro de la metamorfosis aparece en todas partes" (Mario Levrero, Uruguay, 1984)
11. "Anfiteatro" (Pilar Pedraza, España, 1985)
12. *Brian the Brain* (Miguel Ángel Martín, España, 1990)
13. *Wasabi* (Alan Pauls, Argentina, 1994)
14. *Alphas* (Zak Penn y Michael Karnow, Estados Unidos, 2011)
15. *La forma del agua* (Guillermo del Toro y Vanessa Taylor, Estados Unidos, 2017)
16. *Pieles* (Eduardo Casanova, España, 2017)

Referencias

Achugar, Hugo. "Archivo, monumento, vanguardia y periferia (a propósito de Julio Garmendia)". *Atípicos en la literatura latinoamericana*. Ed. Noé Jitrik. Buenos Aires: UBA, 1996, pp. 321–331.

Aguilar García, Teresa. *Ontología cyborg. El cuerpo en la nueva sociedad tecnológica*. Barcelona: Editorial Gedisa, 2008.

"Alphas." *SyFy.com*, www.syfy.com/alphas.

Amato, Mariana. "Escrito desde un cuerpo: estética de la dolencia en *Wasabi* de Alan Pauls". *Estudios* 17: 33, 2009), pp. 99–125.

Antebi, Susan. *Carnal Inscriptions: Spanish American Narratives of Corporeal Difference and Disability*. Nueva York: Palgrave-Macmillan, 2009.

Asma, Stephen A*n Monsters. An Unnatural History of Our Worst Fears*. Oxford: Oxford UP, 2009.

Baker, Naomi. *Plain Ugly. The Unattractive Body in Early Modern Culture*. Mánchester: Manchester UP, 2010.

Barcalett, María Luisa. "Tres monstruos medievales a la luz del cuerpo sin órganos". *Monstruos y grotescos*. Ed. Carmen Álvarez Lobato. México: UAEM, 2014, pp. 27–50.

Bataille, Georges "Abjection and Miserable Forms". *More & Less*. Ed. Sylvere Lotringer. Cambridge: MIT Press, 1999, pp. 9–13.

Bauman, Zygmunt. *Liquid Life*. Cambridge: Polity, 2005.

___. *Liquid Fear*. Cambridge: Polity, 2006.

___. *Liquid Times. Living in an Age of Uncertainty*. Cambridge: Polity, 2007.

Beardsley, Monroe y Hospers, John. *Estética. Historia y fundamentos*. Madrid: Cátedra, 1981.

Bellatin, Mario. *Shiki Nagaoka: una nariz de ficción*. Barcelona, Editorial Sudamericana, 2001.

Blumberg, Mark S. *Freaks of Nature. What Anomalies Tell Us about Development and Evolution*. Oxford: Oxford UP, 2009.

Bombal, María Luisa. *La última niebla*. Santiago de Chile: Editorial Nascimento, 1962.

Borges, Jorge Luis. *Historia universal de la infamia*. Madrid: Alianza Editorial, 1999.

Botting, Fred. *Limits of Horror*. Mánchester: Manchester UP, 2010.

Braham, Persephone. *From Amazons to Zombies. Monsters in Latin American*. Lanham: Bucknell UP, 2015.

Butler, Judith. *Bodies that Matter*. Oxford: Routledge, 1993.

Calinescu, Matei. *Five Faces of Modernity*. Durham: Duke UP, 1987.

Calleja, Seve. *Desdichados monstruos: la imagen grotesca y deformada de "el otro"*. Madrid: Ediciones de La Torre, 2005.

Carrol, Noel. *The Philosophy of Horror*. Oxford: Routledge, 1990.

Carlson, Elof Axel. *Mutation. The History of an Idea*. Nueva York: Cold Spring Harbor Press, 2011.

Casanova, Eduardo, director. *Pieles*. Nadie es Perfecto y Pokeepsie Films, 2017.

Casas, Ana. "Prólogo". *Las mil caras del monstruo*. Ed. Ana Casas. Barcelona: Bracket Cultura, 2012. Archivo Kindle.

Cioran, Emile. *La caída en el tiempo*. Caracas: Monte Ávila Editores, 1977.

Cohen, Jeffrey Jerome. *Monster Theory. Reading Culture*. Minneapolis: U of Minnesota P, 1996.

Cornejo Polar, Antonio. "El obsceno pájaro de la noche: La reversibilidad de la metáfora". *Donoso. La destrucción de un mundo*. Buenos Aires: Ed. Fernando García Cambeiro, 1975, pp. 101–112.

Corral, Fortino y Ubiarte, Nubia. "Elementos para una aproximación simbólica a 'El huésped' de Amparo Dávila". *ConNotas. Revista de crítica y teoría literarias* 6:11, 2008, pp. 211–222.

Dávila, Amparo. *Amparo Dávila. Material de lectura*. México: UNAM, 2010.

Deleuze, Gilles, and Felix Guattari. *A Thousand Plateaus*. Minneapolis: U of Minnesota P, 1987.

Del Río Parra, Elena. *Una era de monstruos. Representaciones de lo deforme en el Siglo de Oro español*. Madrid: Iberoamericana-Vervuet, 2003.

Del Toro, Guillermo, director. *The Shape of Water*. 20th Century Fox, 2017.

Domecq, H. Bustos. *Nuevos cuentos de Bustos Domecq*. Madrid: Editorial Siruela, 1986.

Donoso, José. *El obsceno pájaro de la noche*. Barcelona: Seix Barral, 1974.

Douglas, Mary. *Purity and Danger: An Analysis of the Concepts of Pollution and Taboo*. Nueva York: Routledge, 2002.

Eco, Umberto. *Historia de la fealdad*. Barcelona: Lumen, 2007.

Escudos, Jacinta. "Película japonesa de los años 60". *Antología de seres de la noche*. Ed. Carlos Bustos. Guadalajara: Plenilunio-Letra Roja, 2006, pp. 21–32.

Esposito Roberto. *Immunitas. Protección y negación de la vida*. Buenos Aires: Amorrortu Editores, 2015.

___. *Persons and Things*. Cambridge: Polity, 2015.

Eudave, Cecilia. *Bestiaria vida*. México: Ficticia, 2008.

Fló, Juan y Peluffo, Gabriel. *Los sentidos encontrados. Arte contemporáneo*. Montevideo: Ed. Brecha, 2007.

Foucault, Michel. *Abnormal. Lectures at the College de France*. Nueva York: Picador Press, 2004.

___. *Un diálogo sobre el poder y otras conversaciones*. Madrid: Alianza Editorial, 2004.

Freud, Sigmund. "Lo siniestro". *Revista de Occidente* 202, 1998, pp. 101–109.

Fuentes, Pablo. "Levrero: el relato asimétrico". *Espacios libres*. Buenos Aires: Puntosur, 1987.

García Canclini, Néstor. *Culturas híbridas. Estrategias para entrar y salir de la modernidad*. México: Ed. Grijalbo, 1990.

___. *La sociedad sin relato. Antropología y estética de la inminencia*. Buenos Aires: Katz, 2010.

Garland, Robert. *The Eye of the Beholder. Deformity and Disability in the Graeco-Roman World*. Ithaca: Cornell UP, 1995.

Garland, Thomson, Rosemarie. *Freakery: Cultural Spectacles of the Extraordinary Body*. Nueva York: New York UP, 1996.

___. *Extraordinary Bodies: Figuring Physical Disability in American Culture and Literature*. Nueva York: Columbia UP, 1999.

Giorgi, Gabriel. "Política del monstruo". *Revista Iberoamericana* 227, 2009, pp. 323–329.

Gutiérrez Girardot, Rafael. *Modernismo. Supuestos históricos y culturales*. México: Fondo de Cultura Económica, 1988.

Gutiérrez Mouat, Ricardo. *José Donoso: Impostura e impostación*. Gaithersburg: Hispamérica: 1983.

Halberstam, Judith. *Skin Shows. Gothic Horror and the Technology of Monsters*. Durham: Duke UP, 1995.

Hanafi, Zakiya. *The Monster in the Machine*. Durham, Duke UP, 2000.

Haraway, Donna. *Ciencia, cyborgs y mujeres*. Valencia: Cátedra-Universitat de València, 1995.

Hock-Soon Ng, Andrew. *Dimensions of Monstrosity in Contemporary Narratives*. Nueva York: Palgrave, 2004.

Huet, Marie-Hélène. *Monstrous Imagination*. Londres: Harvard UP, 1993.

Huyssen, Andreas. *Después de la gran división. Modernismo, cultura de masas, posmodernismo*. Buenos Aires: Adriana Hidalgo Editora, 2006.

Jouhandeau, Marcel. *De la abyección*. Barcelona: Ediciones El Cobre, 2006.

Kant, Immanuel. *Observaciones acerca del sentimiento de lo bello y de lo sublime*. Madrid: Alianza Editorial, 1997.

Kearney, Richard. "Strangers and Others: From Deconstruction to Hermeneutics". *Critical Horizons* 3, 2002, pp. 7–36.

Kostopulos-Cooperman, Celeste. *The Lyrical Vision of María Luisa Bombal*. Londres: Tamesis Books, 1988.

Kripal, Jeffrey J. *Mutants and Mystics: Science Fiction, Superhero Comics, and the Paranormal*. Chicago: U of Chicago P, 2011.

Kristeva, Julia. *Poderes de la perversión*. México: Siglo XXI Editores, 2010.

Ladero Quesada, Miguel Ángel. "La descripción del Nuevo Mundo en la primera mitad del siglo XVI: Pedro Mártir de Anglería y Gonzalo Fernández de Oviedo". *Estudios de Historia de España* 12.2, 2010, pp. 313–337.

Laera, Alejandra. "Monstruosa compensación. Peripecias de un escritor contemporáneo en *Wasabi* de Alan Pauls". *Revista Iberoamericana* 227, 2009, pp. 459–474.

Laraway, David. "Dis-semblances: Physiognomy and Fiction in Borges's *Historia universal de la infamia*". *Confluencia* 17. 1, 2001, pp. 52–62.

Lee, Stan y Kirby, Jack. *The X-Men. Volume I*. Ed. Cory Seldmeier. Nueva York: Marvel Comics, 2009.

___. *The X-Men. Volume II*. Ed. Cory Seldmeier. Nueva York: Marvel Comics, 2009.

Leroi, Armand Marie. *Mutants. On Genetic Variety and the Human Body*. Nueva York: Viking, 2003.

Levrero, Mario. *Espacios libres*. Buenos Aires: Puntosur, 1987.

Llano, Alejandro. "Claves filosóficas del actual debate cultural". *Humanitas. cl*, n.d. http://humanitas.cl/html/biblioteca/articulos/d0002.html. Visto 10 Mar 2011.

López Martín, Lola. *R.I.P. Antología del cuento de terror hispanoamericano del siglo XIX*. Madrid: La Tinta del Calamar Ediciones, 2010.

Lozano Mijares, María del Pilar. *La novela española posmoderna*. Madrid: Arco Libros, 2007.

Lund, Martin. "The Mutant Problem: X-Men, Confirmation Bias, and the Methodology of Comics and Identity". *European Journal of American Studies* 10–2, 2015, pp. 1–16.

Luis Mora, Vicente. *La luz nueva. Singularidades de la narrativa española actual*. Córdoba: Berenice, 2007.

Lyotard, Jean-François. *The Postmodern Condition*. Minneapolis: U of Minnesota P, 1984.

Mart, Luan. "Entrevista a Miguel Ángel Martín". *U*, no. 27, 2004, pp. 32–118.

Martín, Miguel Ángel. *Brian the Brain Nº 1*. Barcelona: La Cúpula, 1995.

___. *Brian the Brain Nº 2*. Barcelona: La Cúpula, 1995.

___. *Brian the Brain Nº 3*. Barcelona: La Cúpula, 1996.

___. *Brian the Brain Nº 4*. Barcelona: La Cúpula, 1997.

___. *Brian the Brain Nº 5*. Barcelona: La Cúpula, 1998.

___. *Brian the Brain Nº 6*. Barcelona: La Cúpula, 1999.

___. *Brian the Brain Nº 7*. Barcelona: La Cúpula, 2000.

___. *Brian the Brain Nº 8*. Barcelona: La Cúpula, 2003.

___. *Motor Lab Monqi. Retrato de Brian the Brain como adolescente*. Madrid: Rey Lear, 2012.

___. *Out of my Brain. Viaje sin retorno*. Madrid: Rey Lear, 2012.

McHale, Brian. *Postmodernist Fiction*. Nueva York: Routledge, 1987.

Merino, Ana. *El cómic hispánico*. Madrid: Cátedra, 2003.

Messias, Adriano. *Todos os monstros da Terra*. San Pablo: Editora de PUC-SP, 2017. Archivo Kindle.

Miller, Willian Ian. *The Anatomy of Disgust*. Cambridge: Harvard UP, 1998.

Miñana, Rogelio. *Monstruos que hablan. El discurso de la monstruosidad en Cervantes*. Chapel Hill: North Carolina UP, 2007.

Mitchell, David T. y Snyder, Sharon L. "Room for (Materiality's) Maneuver: Reading the Oppositional in Guillermo del Toro's *The Shape of Water*". *JCMS: Journal of Cinema and Media Studies* 58(4), 2019, pp. 150–156.

Molloy, Silvia. *Las letras de Borges*. Buenos Aires: Editorial Sudamericana, 1979.

Mora, Gabriela. *Clemente Palma: el modernismo en su versión decadente y gótica*. Lima: IEP, 2000.

Moraña, Mabel. *El monstruo como máquina de guerra*. Madrid: Iberoamericana Vervuert, 2017.

Moyano, Daniel. *El monstruo y otros cuentos*. Buenos Aires: Centro Editor de América Latina, 1967.

Oliva, Jesús Eduardo. "Variaciones fantásticas. Las metamorfosis en 'Capítulo XXX' de Mario Levrero y 'The Naked Lunch' de David Cronenberg". *Delirio y alucinación. Ensayos de literatura y arte*. Ed. Miguel Ochoa Santos. México: Ediciones Neón, 2013, pp. 157–179.

Palacio, Pablo. *Obras completas*. Quito: Libresa, 1998.

Paniagua Pérez, Jesús. "Los *mirabilia* medievales y los conquistadores y exploradores de América". *Estudios Humanísticos. Historia* 7, 2008, pp. 139–159.

Paré, Ambroise. *On Monsters and Marvels*. Chicago: U of Chicago P, 1982.

Pauls, Alan. *Wasabi*. Barcelona: Anagrama, 2005.

Pedraza, Pilar. *Necrópolis*. Valencia: Víctor Orenga Editor, 1985.

Penn, Zak y Michael Karnow, creadores. *Alphas*. BermanBraun y Universal Cable Productions, 2011.

Prieto, Julio. *Desencuadernados: vanguardias ex-céntricas en el Río de la Plata. Macedonio Fernández y Felisberto Hernández*. Rosario: Beatriz Viterbo, 2002.

Punter, David y Glennis Byron. *The Gothic*. Oxford: Wiley-Blackwell, 2004.

Raggio, Salvador Luis. "Desfamiliarizaciones y discontinuidades: una metapoética de la narración en *Caza de conejos* de Mario Levrero".

Ciberletras. Revista de crítica literaria y de cultura 37, 2016, www.lehman.cuny.edu/ciberletras/v37/raggio.htm. Visto 20 dic 2017.

___. *Los supremos. Superhéroes y cómics en el relato hispánico contemporáneo.* La Paz: Editorial El Cuervo, 2013.

Rancière, Jacques. *Dissensus: On Politics and Aesthetics.* Nueva York: Continuum Press, 2010.

Reynolds, Richard. *Superheroes: A Modern Mythology.* Jackson: Mississippi UP, 1992.

Roas, David. "Presentación". *El monstruo fantástico. Visiones y perspectivas.* Ed. David Roas. Madrid: Aluvión Editorial, 2017. Archivo Kindle.

Rodríguez Moreno, José Joaquín. "Hijos del átomo: la mutación como génesis del monstruo contemporáneo. El caso de Hulk y los X-Men en Marvel Comics". *Revista Sans Soleil. Estudios de la imagen* 7, 2015, pp. 127–143.

Rose, Nikolas. *The Politics of Life Itself. Biomedicine, Power, and Subjectivity in the Twenty-First Century.* Princeton: Princeton UP, 2006.

Ross Ridge, George. *The Hero in French Decadent Literature.* Athens: U of Georgia P, 1961.

Royle, Nicholas. *The Uncanny: An Introduction.* Mánchester: Manchester UP, 2003.

Salessi, Jorge. *Médicos, maleantes y maricas. Higiene, criminología y sexualidad en la construcción de la nación argentina.* Rosario: Beatriz Viterbo Editora, 1995.

Salomon, Roger B. *Mazes of the Serpent. An Anatomy of Horror Narrative.* Ithaca: Cornell UP, 2002.

Sanchiz, Ramiro. "Capítulo XXX". *Levrero rasante.* 28 nov 2012, levrerorasante.blogspot.com/2012/11/capitulo-xxx.html. Visto 12 dic 2017.

Santisteban Oliva, Héctor. *Tratado de monstruos: ontología teratológica.* México: Plaza y Valdés, 2013.

Silva Santisteban, Rocío. *Me perturbas.* Lima: El Santo Oficio Ediciones, 1993.

Sontag, Susan. *Illness as Metaphor and AIDS and Its Metaphors.* Nueva York: Picador, 1989.

Trías, Eugenio. *Lo bello y lo siniestro*. Barcelona: Seix Barral, 1982.

Urli, Sebastián. "El obsceno pájaro narrativo. Lo monstruoso y su representación en Borges y Donoso". VIII Congreso Internacional Orbis Tertius de Teoría y Crítica Literaria, La Plata, mayo 2012. Ponencia.

Vanden Berghe, Kristine. "*Wasabi*, de Alan Pauls: una lectura alegórica en clave autoficcional". *Revista Pasavento* 3: 1, 2015, pp. 29–42.

Varsamopoulou, Evy. *The Poetics of the Künstlerinroman and the Aesthetics of the Sublime*. Farnham: Ashgate, 2002.

Vattimo, Gianni. *El fin de la modernidad*. Barcelona: Editorial Gedisa, 2004.

Vera Cortés, José Luis. "El sueño de la razón produce monstruos. Anomalía y evolución en el siglo XIX". *Monstruos y grotescos*. Ed. Carmen Álvarez Lobato. México: UAEM, 2014, pp. 51–70.

Voger, Mark. *The Dark Age. Grim, Great & Gimmicky Post-Modern Comics*. Raleigh: TwoMorrows Publishing, 2006.

Warner, Michael. "Publics and Counterpublics. Abbreviated Version". *Quaterly Journal of Speech*, 2002, pp. 413–425.

Wertham, Fredric. *Seduction of the Innocent*. Nueva York: Rinehart, 1954.

Windelspecht, Michael. *Genetics 101*. Nueva York: Greenwood Press, 2007.

Wolk, Douglas. *Reading Comics. How Graphic Novels Work and What They Mean*. Boston: Da Capo Press, 2008.

Youngquist, Paul. *Monstrosities. Bodies and British Romanticism*. Minneapolis: U of Minnesota P, 2003.

Notas

I

1. Con el término Modernidad nos referimos no solo al conjunto de axiomas de certidumbre de los grandes aparatos políticos o económicos que aparecen con la rápida industrialización de cierta parte de Occidente a fines del siglo XVIII y sobre todo en el siglo XIX, sino también al paradigma de certeza que determina aquello que Lyotard llama "a criteria of competence" (23), aquel gran discurso o metarrelato que sostiene un nivel unívoco de conocimiento y verdad.

2. Para los efectos de este libro, entendemos por Occidente no solo la región occidental europea sino también los territorios culturalmente influenciados —ya sea debido al influjo colonial o migratorio— por la civilización grecorromana, el monoteísmo cristiano y las lenguas románicas o germánicas. Esta definición más amplia incluye tanto a los países del Occidente "central" como a los del Occidente "periférico". Al hacer esta salvedad no deseamos obviar la influencia lingüística y cultural del quechua y el aymara en Sudamérica, el náhuatl y el quiché en Mesoamérica o los idiomas algonquinos en el inglés norteamericano, ni tampoco la especificidad de prácticas sociales y simbologías derivadas de las culturas indígenas o incluso de los pueblos africanos esclavizados a través del Sistema Atlántico, pero sí advertir que a partir del siglo XVI, en todos los territorios americanos —de sur a norte y de norte a sur—, los procesos de colonización establecieron la oficialidad de la cultura occidental "por encima" de las culturas de las civilizaciones originarias y las esclavizadas. Estos procesos, asimismo, fueron validados y sostenidos estructuralmente por las repúblicas independientes que surgieron tras la fase de descolonización continental y, para bien o para mal, han dado algunas cualidades intrínsecas a los estados modernos de las Américas en tres pilares socioculturales fundamentales: la religión, el idioma (ya sea a través de códigos restringidos o elaborados) y el sistema dominante de símbolos.

3. En el caso de Iberoamérica, como sucede en el resto de regiones del planeta, ya sean desarrolladas o en vías de desarrollo, la conexión a Internet en los grandes centros urbanos y en las pequeñas provincias altera la distribución de conocimiento de manera dramática. No nos referimos precisamente a una "democratización" del conocimiento sino a una exposición ineludible a fuentes de información a partir de la diversidad de las plataformas (fijas o móviles) y a la continua expansión de las redes digitales.

4. La aseveración de Llano estaría en concordancia con el argumento que hace Calinescu en *Fives Faces of Modernity* (1987) al hablar de la existencia de una fase "inquisidora" de la modernidad: la posmodernidad.

5. En términos de Michael Warner esta condición se traduciría en la relación opo-
sicional que existe entre los "públicos" y los "contrapúblicos". Para Warner, el
público es una relación social y comunicativa dominante, "a space of discourse
organized by nothing other than discourse itself" (413), "*a* public, in practice,
appears as *the* public" (414). El contrapúblico, en cambio, es un espacio discursivo en conflicto con el público hegemónico, "the conflict extends not just
to ideas or policy questions, but to the speech genres and modes of address that
constitute the public" (424).

6. Las mutaciones, de acuerdo con Armand Marie Leroi, son procesos que se encar-
gan de modificar el significado de los cuerpos: "Mutations alter the meaning of
genes. Changing the meaning of a single gene can have extraordinarily far-flung
effects on the genetic grammar of the body. There is a mutation that gives you
red hair and also makes you fat. Another causes partial albinism, deafness, and
fatal constipation. Yet another gives you short fingers and toes, and malformed
genitals. In altering the meanings of genes, mutations give us a hint of what
those genes meant to the body in the first place. They are collectively a Rosetta
Stone that enables us to translate the hidden meanings of genes; they are virtual
scalpels that slice through the genetic grammar and lay its logic bare" (14).

7. Zakiya Hanafi nos recuerda, en *The Monster in the Machine* (2000), que desde
la antiguedad clásica "a *monstrum* (from *monere*, to warn or threaten) was by
definition a terrible prodigy, not for what it was in actuality [...] but for what it
foretold. A sign of coming calamity, the monster first and primarily was a mess-
enger from the other world. So if the barbarian was distinguished by making no
sense, or nonsense, the monster, on the contrary, was distinguished by making
several senses: by providing an oppositional corporeal limit to human definition;
by eroding the strong conceptual differentiation between man and beast, man an
demon, or man and god, pointing to pollution, transgression, a breakdown in
social order; and by bearing a sign of warning from the forces of the sacred" (3).

8. "The monster's body quite literally incorporates fear, desire, anxiety, and fantasy
(ataractic or incendiary), giving them life and an uncanny independence. The
monstrous body is pure culture. A construct and a projection, the monster exists
only to be read: the *monstrum* is etymologically 'that which reveals', 'that which
warns', a glyph that seeks a hierophant. Like a letter on the page, the monster
signifies something other than itself: it is always a displacement, always inhabits
the gap between the time of upheaval that created it and the moment into which
it is received, to be born again" (4). Para una lectura detallada del ensayo de
Cohen y sus siete tesis acudir al volumen *Monster Theory: Reading Culture*.

9. En torno a los arquetipos, Blumberg ha señalado que estos engendran malen-
tendidos y representaciones arbitrarias: "They feed the illusion that, from the
moment of conception, nature had a goal in mind" (4).

10. En el campo de la biotecnología, asimismo, "lo natural" es desarticulado para
abrir paso a un nuevo "monstruo de la ciencia" que no es precisamente un cuerpo
negativizado (por ejemplo, un cuerpo alterado genéticamente en busca de una
raza menos susceptible a enfermedades o un mutante dotado de gran fuerza

e intelecto). Caben aquí no solo las diferenciaciones con la criatura de Victor Frankenstein (el ente monstruoso como advertencia de lo que la ciencia es capaz de crear), sino también las que se refieren a los cuerpos modificados por accidentes científicos, como en los casos de *La mosca* (en el cuento original de George Langelaan y las adaptaciones cinematográficas de Kurt Neumann y David Cronenberg) y la novela y filme homónimo *Estados alterados* (Ken Russell, 1980), en los cuales los protagonistas adquieren cuerpos inadmisibles por un error de cálculo o por mera ambición científica, convirtiéndose en peligrosos monstruos. Asimismo, en el campo de la cirugía estética, "lo natural" puede ser desestabilizado a partir de la insatisfacción del paciente con una parte o con la totalidad de su cuerpo (ya sea por razones de salud o de aceptación), creando en algunos casos "monstruosidad" a partir de lo que la psicología conoce como "trastorno dismórfico corporal", un trastorno ansioso-depresivo que ocasiona que un individuo se preocupe excesivamente por un defecto físico (sea este real o imaginado).

11. Cabe preguntarse también acerca del papel actual la "tecnología monstruosa" en contraste con el discurso sublime-mecánico que producían personajes como la criatura de Frankenstein en el siglo XIX o el robot antropomorfo del filme *Metrópolis* (Fritz Lang, 1927), ya que la relativización de los códigos del monstruo hace que el pavor hacia personajes originalmente concebidos para inspirar horror sea desplazado, como sucede en la segunda y la tercera parte de *The Terminator* (James Cameron, 1984). En ambas secuelas de la serie –*Terminator 2: El juicio final* (James Cameron, 1991) y *Terminator 3: La rebelión de las máquinas* (Jonathan Mostow, 2003)– el paradigma de interpretación presentado en la primera película se invierte cuando el tosco y monstruoso *cyborg* T-800 salva a los seres humanos de organismos cibernéticos de fenotipo caucásico perfecto (modelos T-1000 y T-X), fabricados de ese modo para no inspirar miedo y camuflarse dentro de un tipo normalizado de belleza humana.

II

12. Pitágoras y sus discípulos, como mencionan Beardsley y Hospers, hablaron de la armonía como el término que designa la concordancia matemática de las partes entre sí y las partes con el todo. A partir de su teoría musical, la noción armónica se aplica también a todos los elementos del mundo material como un principio ordenador (18).

13. El ritual de purificación del *pharmakos* (o chivo expiatorio) en la Grecia antigua ejemplifica la práctica pública de la marginación de los feos y deformes en el mundo clásico. Como apunta Robert Garland en *The Eye of the Beholder. Deformity and Disability in the Graeco-Roman World* (1995): "In Greek society the psychological need to personalize the dread evoked by some crisis was institutionalized by the practice of selecting a victim known as the *pharmakos* or 'scapegoat', upon whom the blame for the current evils that beset the community was then laid. The victim, who was often but not invariably ugly and deformed, underwent ritual expulsion or, much less commonly it seems,

execution. The reason for selecting the ugly and deformed is partly that these were deemed to feel resentment towards Nature or the gods for singling them out as freaks, as well as towards society for subsequently denying them their full human status" (23).

14. En este sentido, concordamos con Persephone Braham al decir que desde la antigüedad los monstruos se comportan como "arbiters of order and disorder within a given social cultural system [...] monsters allow us to express ideas about what is normal, and channel fears about what isn't" (9),

15. Aunque nuestros criterios actuales acerca de las ciencias naturales, la etnografía y la geografía difieren de los del siglo XVI, es importante señalar que un texto como *Sumario de la natural historia de las Indias* (1526), publicado por el cronista Gonzalo Fernández de Oviedo, intentó ser en su época una fuente fidedigna de conocimiento a pesar de que hoy en día notemos su evidente relación con los arcaísmos científicos de los bestiarios clásicos. "En general", como apunta Miguel Ángel Ladero Quesada, "es necesario leerlo, como a otros historiadores 'primitivos' de las Indias españolas, sin perder de vista cuáles eran las escalas de valores vigentes en su tiempo y en el medio sociocultural de cada uno de ellos, para evaluar más adecuadamente lo mucho que aportaron a las nuevas visiones del mundo y del hombre que nacían al comienzo de la Edad Moderna" (337).

16. No debemos olvidarnos, al mismo tiempo, de las representaciones monstruosas localizadas en el Parque de los Monstruos (*Parco dei Mostri*) de la familia Orsini, construido en 1550; de cuya fama se valió el escritor Manuel Mujica Láinez para crear la novela *Bomarzo* (1962), texto que toma el nombre de la localidad donde se halla la construcción. *Parco dei Mostri* no solo concreta físicamente un espacio para albergar "lo monstruoso", rodeado de naturaleza viva, sino que llama la atención por su celebración de la desproporción y la deformidad tanto en las estatuas como en los edificios que lo integran.

17. En una lectura bastante interesante, Rogelio Miñana habla de lo prodigioso en la obra cervantina, principalmente para el caso de *El coloquio de los perros* (1613), y señala una monstruosidad que no se basa en lo temible y lo espantoso sino solamente en la ruptura de las leyes naturales. Según su interpretación, la novela se relaciona con lo monstruoso debido a que los perros protagonistas, que cuentan con el don del habla, representan una obvia "desviación natural, un acontecimiento extraordinario" (75).

18. Oscar Wilde es tal vez quien mejor ha retratado el sufrimiento de los monstruos de la corte en el cuento "El cumpleaños de la infanta" (1891), relato en el que un enano de espalda encorvada y enorme cabeza se enamora de una princesita que lo utiliza como atracción grotesca durante su fiesta de cumpleaños. El "*petit monstre*", como lo bautiza la infanta, no solamente muere de amor sino que también sufre el encuentro con su propia monstruosidad al reflejarse en las paredes de un salón y saberse "falto de formas normales" (83).

19. Paradójicamente, como dice José Luis Vera Cortés, "lo anómalo, lo enfermo, lo poco frecuente, lo indeseable, resultó igualmente necesario que lo normal y lo deseable en el contexto de la construcción de la identidad, categoría central en

el desarrollo de la antropología. Lo anterior planteó la siguiente paradoja: mientras lo infrecuente y lo enfermo era indeseable, y en muchos sentidos se buscaba su erradicación, a la vez era necesario por cuanto su existencia daba sentido por mera oposición a lo normal y lo deseable" (52).

20. Para Jouhandeau, lo abyecto está relacionado con una oposición a lo establecido. Lo establecido, en este caso, es principalmente la moral cristiana, y cualquier acción que implique un deseo prohibido por esa moral determinaría una acción abyecta; la abyección de un sujeto, entonces, estaría ligada a la conformidad de ser tentado, de ahí las referencias que Jouhandeau hace constantemente al "poder del Infierno" (137) y al "Mal" que lo esclaviza (169). De este modo propone que la abyección parte de un motivación íntima y que está ligada al placer, a una subjetividad que busca culminar deseos que se separan abiertamente de las normas instituidas. En este sentido, lo abyecto es la transgresión de la norma, algo que Kristeva retoma en algunos pasajes de *Poderes de la perversión* (1982). Jouhandeau en realidad distingue un "signo de maldad" original en los seres humanos, una predisposición a cometer faltas, pero recalca que las faltas se deben siempre a una imposición externa (la moral cristiana, en especial), concluyendo que los límites que impone dicha moral son los que lo identifican como un sujeto abyecto. Desde este punto de vista, la abyección solo podría existir si al mismo tiempo hay una norma, o un conjunto de normas, que restrinjan el deseo íntimo.

21. Esta también es la época de la curiosidad y el deslumbramiento por las que Paul Youngquist ha denominado "anatomías de la desviación", que a través de ciencias como la fisiología y la teratología, y el trabajo de cirujanos como el escocés John Hunter, profesionalizan el análisis y la observación de lo deforme: "Prodigy cedes to pathology only to raise the possibility of new progeny. Monstrosities confront the proper body with its immanent, progenitive transformation. They are not just a sign of transcendent marvels or a medium for the miracles of medicine. They also materialize transformative forces, haunting the proper body in the abject shape of change" (9).

22. Georges Bataille, por otro lado, define "las cosas abyectas" como "objetos del acto imperativo de exclusión" (11), algo que Kristeva retoma más tarde y llama "lógica de la exclusión" (88). De este modo, lo abyecto es una forma de demarcar lo puro de lo impuro basándose también en una normatividad impuesta. Los objetos abyectos, por ende, serían aquellos que, por ser repulsivos para cierto orden, deben ser restringidos y eliminados. La abyección humana, según Bataille, resulta de no poder evadir el contacto con "las cosas abyectas" (11). En este sentido, la abyección vendría a ser una condición que se establece a partir de una asociación con la impureza.

23. De algún modo, se advierte un paralelismo entre la figura del *freak*, repudiada por la norma y transformada en entretenimiento, y la imagen deforme y grotesca de los esperpentos de Ramón del Valle-Inclán, en los cuales se presenta la fusión trágica de formas humanas y animales, así como la distorsión exagerada –por medio de la metáfora de los espejos cóncavos y convexos– de la realidad de la

época. El *freak*, asimismo, ha sido utilizado recientemente como temática central e hilo conductor en el libro de relatos *Fenómenos de circo* (2011), de Ana María Shua.

24. Son muchas las narraciones que tematizan la incorruptibilidad humana en oposición a los cuerpos en disenso, pero tomando como punto de partida la perspectiva de Halberstam podríamos destacar la "monstrificación" y rechazo del cuerpo de una adolescente intersexual en el filme *XXY* (2007), de Lucía Puenzo.

25. La monstruosidad, nos dice David Roas, "subvierte los límites que determinan lo que resulta aceptable desde un punto de vista físico, biológico e incluso moral […] El monstruo encarna en sí mismo esa dimensión transgresora: no solo sirve como vía para representar (y provocar) nuestros miedos, sino también como vía para problematizar nuestros códigos cognitivos y hermenéuticos" ("Presentación").

26. Sobre el tecnocuerpo y el ente fusionado, Teresa Aguilar García ha escrito intensamente en *Ontología cyborg* al hablar de las tecnofilias y las tecnofobias que rodean la producción de una naturaleza reinventada y de la relativización del cuerpo biológico como entidad única: "Debido a la incisión en la carne de las nuevas tecnologías", señala, "[la ontología del ser humano] ha sufrido un cambio radical que obliga a pensarl[a] en parámetros diferentes a los establecidos hasta la fecha y cuestiona de nuevo conceptos como alienación o humanidad, además de volver obsoletas las categorías de sexo o género" (9).

III

27. De acuerdo con Carlson, además, a partir de los avances científicos derivados del redescubrimiento de la genética mendeliana a principios del siglo XX (también conocidas como las leyes de la herencia), el tema de la mutación fue poco a poco invadiendo el imaginario social y cultural a través de distintas expresiones. Primero, gracias a la irrupción de ideologías de superioridad étnica basadas en el racismo y en la eugenesia; luego, acompañando el desarrollo comercial de nuevas industrias de plantas y animales, y, finalmente, al comprobarse los efectos nocivos de la radiación electromagnética (rayos X) y de las armas atómicas surgidas a partir de la Segunda Guerra Mundial en organismos biológicos (1–4).

28. Ver *On Monsters and Marvels* (*Des monstres e prodiges*), publicado originalmente en el año 1575.

29. Cuando la entidad monstruosa pertenece a otro objeto astronómico o dimensión, sin embargo, la macromutación no sería el término correcto en todos los casos, ya que podríamos estar tratando con biologías desconocidas que siguen patrones de vida diferentes de los de nuestro planeta; donde el salto genético que consideramos inarmónico respecto de nuestra corporeidad ideal no es una dislocación sino una naturaleza común y corriente.

30. Cabe mencionar, al mismo tiempo, que la biomedicina es una práctica científica que se sumerge en las interacciones y expresiones moleculares. En este sentido, comulga distintos tipos de conocimiento y metodologías y no aboga por un solo

esquema explicativo y totalizador. A diferencia de la medicina anterior a ella, la biomedicina pretende dar solución a las contingencias humanas por medio de líneas de fuga y negociaciones con la estructura molar.

31. Nicholas Royle, por su parte, define lo siniestro como "a crisis of the natural, touching upon everything that one might thought was part of nature: one's own nature, human nature, the nature of reality and the world" (1).

32. Asma reconoce las posibilidades que el posmodernismo le ha brindado al monstruo contemporáneo –aquel que nosotros denominamos *mutante*– al tratarse de una pauta cultural que reelabora construcciones sociales proponiendo "losers as winners, walk-on extras as main characters, and deformed outcasts as principal luminaries" (252).

IV

33. Tercera novela de Alan Pauls, publicada a continuación de *El pudor del pornógrafo* (1984) y *El coloquio* (1990).

34. "[...] el monstruo trae otro saber, que no es solamente una figuración de la alteridad y la otredad (que pueden, apaciblemente, reafirmar los límites convencionales de lo 'humano') sino un saber positivo: el de la potencia o capacidad de variación de los cuerpos" (Giorgi 323).

35. En *Desencuadernados: vanguardias ex-céntricas en el Río de la Plata. Macedonio Fernández y Felisberto Hernández*, Julio Prieto propone la noción de "ex-centricidad", que es definida en el texto como: "[la] opción deliberada de quedarse fuera –o en un ambiguo borde de la escena cultural, y de proyectar, en consecuencia, un tipo de discurso encaminado al objetivo aparentemente contradictorio de *retirarse*, de salir de escena o, cuando menos, de quedarse al fondo, en la penumbra de un segundo término –en un borroso margen" (12). Esta noción nos parece pertinente para el caso del personaje central de *Wasabi* debido a su tendencia constante de retirarse no solo de los grupos literarios sino también de sus afectos. La mutación física, sumada a su comportamiento en varios pasajes del libro, parece seguir la opción deliberada de la ex-centricidad que Prieto localiza en algunos autores del Río de la Plata.

36. En *Médicos, maleantes y maricas* (1995), Jorge Salessi hace hincapié en el hecho de que durante la última década del siglo XIX la Argentina, sumida en un discurso higienista descendido de la oposición binaria entre civilización y barbarie, pasó a definir su identidad nacional en términos de la salubridad, juzgando lo insalubre como un rasgo extranjero que producía el colapso tanto de la higiene de las calles y hogares como de la salud del "cuerpo nacional".

37. Según Paré, las causas de la monstruosidad son trece: "The first is the glory of God. The second, His wrath. The third, too great a quantity of semen. The fourth, too small a quantity. The fifth, imagination. The sixth, the narrowness or smallness of the womb. The seventh, the unbecoming sitting position of the mother, who, while pregnant, remains seated too long with her thighs crossed or pressed against her stomach. The eighth, by a fall or blows struck against the

stomach of the mother during pregnancy. The ninth, by hereditary or accidental illnesses. The tenth, by the rotting or corruption of the semen. The eleventh, by the mingling or mixture of seed. The twelfth, by the artifice of wandering beggars. The thirteenth, by Demons or Devils" (Paré 3–4).

38. "Monsters are things that appear outside the course of Nature (and are usually signs of some forthcoming misfortune, such as a child who is born with one arm, another who will have two heads, and additional members over and above the ordinary" (Paré 3).

39. "Abject things can be defined–empirically–by enumeration and by successive descriptions, and–negatively–as objects of the imperative act of exclusion" (11).

40. Como resalta Cohen: "Any kind of alterity can be inscribed across (constructed through) the monstrous body, but for the most part monstrous difference tends to be cultural, political, racial, economic, sexual" (7).

41. Muy reminiscente de "Las islas" es el cuento "Rara avis", incluido en *Me perturbas* (1993), primer volumen de relatos de la narradora Rocío Silva Santisteban. En él, un hombre insensible y agresivo mantiene cautiva a una mujer-ave "de alas verdes y ojos achinados" a quien luego asesina a causa de su rareza (78). Proponiendo una alegoría de la violencia de género, Silva Santisteban utiliza la imagen del cuerpo femenino anómalo para criticar la actitud machista de algunos hombres y resaltar a la vez patrones anatómicos que descentran los códigos instituidos acerca de la belleza de la mujer.

42. Los textos escritos durante la estadía en esta residencia tienen como única condición hacer referencia a la circunstancia misma del premio y al proceso de escritura en Saint-Nazaire.

43. En un ensayo a propósito de la obra del narrador Julio Garmendia, Hugo Achugar se refiere a la atipicidad en estos términos: "Típico y atípico, central o periférico son nociones referidas sino explícita, implícitamente a la idea de tradición [...] Los escritores centrales construyen la tradición, los atípicos las confirman en tanto excepción. Tradición, canon y hegemonía son nociones afines. Y son, es recomendable no olvidarlo, construcciones históricas" (323–324). Si bien Achugar se refiere al caso específico de Julio Garmendia en relación a las vanguardias de los años 20, el concepto de atipicidad desestabiliza el de tradición en tanto existan uno o varios artistas que contradigan el discurso del archivo imperante.

44. Además, como sugiere la lectura de *Wasabi* hecha por Vanden Berghe, "el crecimiento cuantitativo y el cambio sustancial del quiste pueden asociarse con el proceso de la creación literaria que, a medida que avanza, se aleja de la realidad referencial" (34). Aunque en la novela el quiste es una realidad verosímil, es cierto que su mutación y constante presencia cuestionan determinadas maneras de enfrentarse a la creación y crean a la vez nuevas referencias y gestos literarios.

45. Esto no prohíbe, claro está, que en algunos pasajes la novela desmonte también la idea de la sacralización del arte y el rol en la sociedad del artista sacralizado. El caso de Klossowski, por ejemplo.

46. "[...] me lo decían la sangre, el tictac febril de las sienes; me lo confirmaba esa especie de ahogo con el que preveía la confabulación, en un punto extremo de efervescencia, de todas aquellas coordenadas mágicas: Klossowski, yo, el Salon du Livre, las ocho de la noche..." (Pauls 119).

47. "Mientras uno está sano, no existe. Es decir: uno no sabe que existe" (Cioran 96).

V

48. Desde su origen en 1963, la saga de los X-Men ha tenido distintos reinicios y autores. Hasta el momento se reconocen cinco volúmenes o reinicios canónicos, y numerosas historietas derivadas de la original, tales como *New Mutants*, *X-Factor*, *Generation X* o *Astonishing X-Men*, entre otras.

49. De acuerdo con Reynolds (8–10) y Wolk (4–6), las edades del cómic estadounidense se dividen en la Edad de Oro (aproximadamente de 1938 hasta 1954), etapa seminal y de configuración de los arquetipos primarios del Paladín de la Justicia; Edad de Plata (de 1956 a 1970), etapa de resurgimiento del cómic de superhéroes y de introducción de personajes dubitativos y con conflictos existenciales; la Edad de Bronce (de 1970 a 1985), época en la que se resalta el cambio de tono en los guiones, que pasan a explorar con seriedad temas sociales como el consumo de drogas o la guerra; y la Edad Moderna o Edad Oscura (de 1985 hasta la actualidad), caracterizada por historias que se centran en atmósferas sombrías y distópicas, con un alto índice de complejidad narrativa, violencia gráfica y personajes moralmente ambiguos (Voger 6–7).

50. La publicación en 1954 del libro *Seduction of the Innocent* (La seducción de los inocentes), del psiquiatra Fredric Wertham, fue el detonante de una campaña de persecución que trajo abajo a gran parte de la industria del cómic estadounidense de la primera mitad del siglo XX. En dicho ensayo, Wertham afirma que las historietas edulcoran la violencia y animan a los niños y jóvenes a efectuar actos obscenos y antisociales, acuñando el término peyorativo "*crime comics*" (18). La influencia determinista de esta publicación provocó la creación del Comics Code Authority, un reglamento censor que vigiló el *comic book* estadounidense desde 1954 hasta 2011.

51. Estos guardianes robóticos aparecen por primera vez en el arco narrativo que abarca los números 14 y 16 de *The X-Men*. Su creador, el doctor Bolivar Trask, es un antropólogo y filósofo que recalca la impureza de los mutantes en sus escritos, construyendo, para justificar el uso de sus máquinas de "desinfección", un sistema de clasificación basado en una retórica de odio y valores higienistas.

52. Dentro del archivo de Occidente, el monstruo de la ciencia o de laboratorio es un personaje típicamente marginalizado que comunica terrores y ansiedades, y que representa un desfase entre lo natural y lo intervenido, un desacuerdo. Este desacuerdo simbólico suele identificarse con lo impuro en una línea temática que degrada a los cuerpos "hechos" a cambio de una autentificación de los organismos "crecidos", aquellos que no están sujetos a fabricaciones ni intervenciones

artificiales. Este ser monstruoso, creado y recreado como relato de advertencia y anticipación, suele resumir el terror hacia la experimentación científica y hacia la ambición del ser humano, quien abandona paulatinamente las pautas religiosas más estrictas por las libertades seculares que trae la Modernidad. Libertades que, tiempo después, se multiplican en un mundo posmoderno donde la biotecnología y la genética han alcanzado adelantos y posicionamientos substanciales.

53. Además de la serie original de *Brian the Brain*, existen dos volúmenes posteriores creados por Martín: *Motor Lab Monqi. Retrato de Brian the Brain como adolescente* (2012) y *Out of my Brain. Viaje sin retorno* (2014). La mayor diferencia entre la primera y la segunda época del personaje es el tono y la manera en que se maneja la cualidad mutante de Brian. En sus versiones posteriores, los libros son más pesimistas y despojan al personaje de mucha de su vivacidad y esperanza. Esta característica, sin embargo, no modifica la lectura prometedora del primer ciclo de 1990, pues es evidente que Martín, cuando no pensaba crear nuevos cuadernos en torno al niño de Bio Lab, veía a su personaje insignia con otros ojos.

54. Según Miller, el asco es una sensación que reconoce y explota la diferencia (50), ayudando a delimitar lo *propio* de lo *otro*. En el caso de *La forma del agua*, es interesante cómo esta sensación es totalmente inoperante desde el primer encuentro visual entre Elisa y la criatura anfibia, vaporizando el dispositivo de la repulsión y los efectos de la otredad.

55. Coincidentemente, desde una óptica queer, Mitchell y Snyder han indicado que *La forma del agua* representa un grupo de vidas que ofrece "nonnormative alternatives to the violence of able-bodied heteronormativity" (153).

56. Cabe señalar que el personaje de Samantha es bastante similar físicamente al joven Arseface (Caraculo), de la novela gráfica *Preacher* (Predicador), creada en 1995 por el escritor Garth Ennis y el dibujante Steve Dillon.

57. Tanto la película de Browning como la posterior *Razas de la noche* (Clive Barker, 1990) pueden verse por momentos como predecesoras de la relativización de la figura del monstruo cuando nos detenemos en algunas escenas donde se contrasta la maldad de los seres humanos "perfectos" con la bondad de los seres sobrenaturales o no autorizados.

Romania Viva
Texte und Studien zu Literatur, Film und Fernsehen
der Romania im 19., 20. und 21. Jahrhundert
Herausgegeben von Uta Felten, A. Francisco Zurian Hernández, Anna-Sophia Buck und Ulrich Prill †

Die Bände 1-10 sind im Martin Meidenbauer Verlag erschienen und können über den Verlag Peter Lang, Internationaler Verlag der Wissenschaften, bezogen werden: www.peterlang.com.

Ab Band 11 erscheint diese Reihe im Verlag Peter Lang, Internationaler Verlag der Wissenschaften, Frankfurt am Main.

Band 11 Isabel Maurer Queipo (ed.): Socio-critical Aspects in Latin American Cinema(s). Themes – Countries – Directors – Reviews. 2012.

Band 12 Kathrina Reschka: Zwischen Stille und Stimme. Zur Figur der Schweigsamen bei Madeleine Bourdouxhe, Marguerite Yourcenar, Marguerite Duras, Clarice Lispector, Emmanuèle Bernheim und in den Verfilmungen der Romane. 2012.

Band 13 Uta Felten / Kristin Mlynek-Theil / Franziska Andraschik (Hrsg.): Pasolini intermedial. 2013.

Band 14 Christian van Treeck: La réception de Michel Houellebecq dans les pays germanophones. 2014.

Band 15 Uta Felten / Nicoleta Bazgan / Kristin Mlynek-Theil / Kerstin Küchler (Hrsg./éds.): Interme-dialität und Revolution der Medien / Intermédialité et révolution des médias. Positionen – Revisionen / Positions et révisions. 2015.

Band 16 Isabel Maurer Queipo / Tanja Schwan (Hrsg./eds.): Pathos – zwischen Passion und Phobie / Pathos – entre pasión y fobia. Schmerz und Schrecken in den romanischen Literaturen seit dem 19. Jahrhundert / Dolor y espanto en las literaturas románicas a partir del siglo XIX. 2015.

Band 17 Lina Barrero: La mirada intelectual en cuatro documentales de Luis Ospina. Un discurso intermedial del audiovisual latinoamericano. 2017.

Band 18 Hans Felten: Im Garten der Texte. Vorträge und Aufsätze zur italienischen Literatur. Herausgegeben von Franziska Andraschik. 2016.

Band 19 Wolfgang Bongers: Interferencias del archivo: Cortes estéticos y políticos en cine y literatura. Argentina y Chile. 2016.

Band 20 Anne Effmert: *Les queues de siècle se ressemblent:* Paradoxe Rhetorik als Subversionsstrategie in französischen Romanen des ausgehenden 19. und 20. Jahrhunderts. 2016.

Band 21 Kathrin Hahne: *Bande dessinée* als Experiment. Dekonstruktion als Kompositionsprinzip bei Marc-Antoine Mathieu. 2016.

Band 22 Uta Felten / Kristin Mlynek-Theil / Kerstin Küchler (Hrsg.): Proust und der Krieg. Die wiedergefundene Zeit von 1914. 2016.

Band 23 Marta Chiarinotti: Anderssein vs. Konformismus. Die literarische Aufarbeitung des Faschismus in italienischen und deutschen Romanen der 1950er Jahre. 2016.

Band 24 Franziska Andraschik: „La nostalgia del sacro" – Die Poetik von Pier Paolo Pasolini im Spannungsfeld von Heiligem und Profanem. 2017.

Band 25 Kristin Mlynek-Theil: Von der Linie zum Körper. Das Rauschen der Medien in Prousts *À la recherche du temps perdu.* 2017.

Band 26 Felten, Hans (Hrsg.): Ficción y Metaficción. De Cervantes a Cercas. Conferencias y En-sayos sobre Literatura Española. Editado por Anna-Sophia Buck y Ben Scheffler. 2018.

Band 27 Maximilian Gröne / Florian Henke (Hrsg.): Biographies médiatisées – Mediatisierte Lebensgeschichten. Medien, Genres, Formate und die Grenzen zwischen Identität, Biografie und Fiktionalisierung. 2019.

Band 28 Lena Seauve / Vanessa de Senarclens (Hrsg.): Grenzen des Zumutbaren – Aux frontières du tolérable. 2019.

Band 29 Robert Fajen (Hrsg.): Serialität in der italienischen Kultur / Serialità nella cultura italiana. 2019.

Band 30 Paola Villani: Romantic Naples. Literary Images from Italian and European Travellers in the Early Nineteenth Century. 2020.

Band 31 Immanuel Seyferth: Zwischen Dokumentation und Fiktion: Die Kongoreise von André Gide und Marc Allégret. 2020.

Band 32 Uta Felten / Tanja Schwan / Giulia Colaizzi / Francisco A. Zurian (eds.): Coding Gender in Romance Cultures. 2020.

Band 33 Anne-Marie Lachmund: Proust, Pop und Gender. Strategien und Praktiken populärer Medienkulturen bei Marcel Proust. 2020.

Band 34 Salvador Luis Raggio: Sobre lo mutante. El cuerpo variable contemporáneo y la relativización de la figura del monstruo en la ficción occidental y panhispánica. 2020.

www.peterlang.com

www.ingramcontent.com/pod-product-compliance
Lightning Source LLC
Chambersburg PA
CBHW070338100426

42812CB00005B/1364